Wolfgang Kosack

Ägyptische Zeichenliste I.

Grundlagen der Hieroglyphenschrift

Definition, Gestaltung und Gebrauch
ägyptischer Schriftzeichen

Vorarbeiten zu einer Schriftliste

Verlag
Christoph Brunner

Nunningen   Berlin

Nachdruck 2021

ISBN 978-3-9524018-0-4

Buchbestellungen bei: ChristophBrunner@hotmail.com

Vorwort

Die genaue Betrachtung der ägyptischen Schrift, insbesondere die Vielfalt von Funktionen, Perspektiven, Zeichenentwürfen, Zusammenstellungen usw. macht eine Studie zu den Grundlagen der Hieroglyphenschrift notwendig. Sie wurde hier erstmals und grundlegend erarbeitet. Das ist wissenschaftliches Neuland, denn in den bisherigen Grammatiken und Studien finden sich in dem Kapitel „Schriftlehre" zwar mancherlei Bemerkungen darüber, aber auch diese nur in Ansätzen.

Die Grundlagen der Ikonologie sind in 9 Tabellen zusammengefaßt und aufgeschlüsselt, werden im Text durch Beispiele von Schriftzeichen aus allen Epochen ausführlich erläutert. Manche meiner Bezeichnungen und Definitionen klingen vielleicht etwas „gequält", denn ich habe versucht, die unterschiedlichsten Erscheinungsformen eindeutig zu definieren und scharf von einander zu scheiden. Man kann gewiß die deutschen Bezeichnungen hier und da verbessern oder sie in geläufigeres Philologen-Latein umwandeln, aber ein Anfang ist gemacht.

Wichtig ist diese Ikonologie vor allem bei der Beurteilung der Genauigkeit von Hieroglyphenabschriften. Vor allem in Texten des Alten Reiches sind die Hieroglyphen viel aussagekräftiger als bisher angenommen, da die Unterscheidung der Gerade- und Schrägstellung von Zeichen oder die Umschließung von Zeichen neue und schärfere Deutungen erlauben, als es bisher geschehen ist.

So wurde in Urk I der Unterschied zwischen ruhendem ⌐ und tätigem ⌐ Arm oder gar des abweisenden ⌐ Arms häufig übersehen und einfach als ⌐ wiedergegeben; die drei Stellungen der Birnenkeule ⌐ ⌐ ⌐ blieben unerklärt u. dergl. Entsprechendes gilt für das älteste Hieratisch (Akten aus Abusir, Topfaufschriften aus Assuan, Graffiti in Hatnub und anderswo).

Um die Hieroglyphen möglichst genau in ihren Einzelheiten wiederzugeben, wurde die Größe 36 P gewählt und viele Zeichen, die nicht im ‚normalen' Fundus vorhanden sind, mußten neu entwickelt und gezeichnet werden. Dadurch erscheinen manche Kapitel im Schriftbild zerrissen und ungeordnet. Das bitte ich zu entschuldigen.

Meine Ergebnisse zur Ikonologie sind die notwendige Vorarbeit für eine sinnvoll angelegte Zeichenliste aller ägyptischen Schriftzeichen in einer ganz bestimmten, neu festgesetzten Reihenfolge.

Berlin, 1. Januar 2013   Dr. Wolfgang Kosack

1. Die Schriftfunktionen der Bilderschrift

1.1 Die Struktur der Bilderschriften allgemein

Das deutlichste Kennzeichen einer Bilderschrift ist die Tatsache, daß sie mit einer Vielzahl von Zeichen zu tun hat, deren Vorrat in die Zehntausende gehen kann. Die Beschränkung der vielen möglichen Bilder hin zur Abstraktion einer Schrift beginnt mit der Systematisierung und Normierung dieser vielen möglichen Darstellungen zu eindeutigen Schriftzeichen.

Die Abstrahierung legt die Darstellung eines Einzelzeichens fest, d.h. sie umreißt die grafische Form eines Zeichens, um die Schrift aus den individuellen Gestaltungsmöglichkeiten herauszuheben, die Malweise und Zeichnung bieten, und in eine grafische Form zu fixieren.

Die Systematisierung regelt die Stellung verschiedener Schriftzeichen zueinander, die letztendlich die Bildung von Zeilen ermöglicht (die ältesten Hieroglyphentexte sind zeilenmäßig ungegliedert) und legt die Anordnung von Schriftzeilen innerhalb der Schriftfläche fest.

Das wichtigste Unterscheidungsmerkmal zwischen einzelnen Bildern und einer Bilderschrift ist diese normierte Anordnung eines „Textes" (dieses aus dem Lateinischen stammende Fremdwort geht auf textura zurück, was ursprünglich „Gewebe" bedeutet), d.h. von Schriftflächen auf der Schreibfläche in Zeilen nach einem festgelegten Schema.

Die Farbe als ein wichtiges Kennzeichen zur Determinierung einer Bilderschrift läßt man in der Regel unberücksichtigt. Zwar war mitunter gerade die Farbe ein wichtiges Unterscheidungsmerkmal und damit ein Hilfsmittel zur Deutung:

> Gelber Kreis = Sonne
> Silberner Kreis = Mond
> Schwarzer Kreis = Loch
> Grüner Kreis = Samenkorn
> Gelber Kreis = Korn
> Weißer Kreis = Schnee

Aber das Stadium einer Bilder-„Schrift" ist erst da erreicht, wo die Farbe nicht mehr die Lesung eines Schriftzeichens mitgestaltet, also wo die grafische Zeichenform auch **ohne Farbe** aussagekräftig genug ist.

Der **Schriftträger** ist zudem ein wichtiger Faktor bei der Gestaltung einer Schrift, aber auch ihn lasse ich zunächst beiseite. Es ist ja nicht gleichgültig, ob eine Bilderschrift in Stein gehauen wird, auf Knochen graviert, in Holz geritzt, in Ton gedrückt, mit Pinsel oder Feder auf Leder gemalt, auf Papyrus gezeichnet oder auf Pergament und Papier geschrieben wird. Auch dem Papier vergleichbare Schriftträger wurden verwendet: Baumrinde, Stoff, Palmblätter, stuckierte Holztafeln, Schieferplatten, Stein- und Tonostraka u.a.m.

Die Schriftträger bringen unterschiedliche Abstraktionen in der Bilderschrift:

So werden beim Ritzen in feuchtem Ton die runden Schriftelemente gerne in eckige Winkel umgewandelt (schließlich ist daraus die Keilschrift normiert worden), während auf innere Details der Bildzeichen weitgehend verzichtet wurde, da diese Schreibtechnik sehr mühsam war.

Pinsel und Feder sind in der Lage, auf glattem Beschreibstoff schnellere Folgen von Schriftzeichen zu schreiben, die Zeichen miteinander zu verbinden, um den Schriftfluß zu beschleunigen, so daß der Charakter des Bildes unter der Abstrahierung der Schrift verschwinden kann.

Allgemein ist zu beobachten, daß der beliebig ausufernde und erweiterbare Zeichenvorrat einer Bilderschrift je nach Vermögen des Künstlers oder des Schreibers unendlich verschiedene Gestalt annehmen kann.

Daher ist bei allen Bilderschriften eine Normierung zwangsläufig geworden, um die Zeichnungsmöglichkeiten (und damit verbunden: die unterschiedlichen „Lese"- und Deutungsmöglichkeiten) einzugrenzen: Ein schlecht gemalter Löwe könnte als „Schaf" gelesen und gedeutet werden.

Auch die Aktionsarten eines Begriffes muß eingegrenzt werden: eine Pflanze kann eßbar, eine Heilpflanze, ein Unkraut oder giftig sein. Darum werden die vielfältigen Möglichkeiten der Bildgestaltung zu einer einzigen Bildform reduziert.

So werden in verschiedenen Bilderschriften das Wort „Sonne" in ihren Aktionsarten festgelegt. Man zeichnet also jeweils einen Aspekt der Sonne: eine Scheibe am Firmament, die aufgehende, die strahlende oder die untergehende Sonne:

Hieroglyphe[1]	Aktionsart der Hieroglyphe
⊙	Sonnenscheibe
⊖	Sonne mit Querstreifen, aktiv
𐆄	Sonne mit Strahlen in Händen auslaufend
𐀳	Sonne mit Strahlenbündel
⌒	halb aufgehende Sonne mit Strahlenkranz
⌓	aufgehende Sonne zwischen zwei Bergen
⌓	Sonne über dem Himmel, untergehend
☾	Sonne und Mond
ʊ◯	Sonne mit Schutzschlange (mythologisch)

---

[1] Bei Auswahl der Beispiele habe ich mich auf ägyptische Hieroglyphen beschränkt; für andere Bilderschriften wie Chinesisch, Aztekisch, Sumerisch gilt jedoch Entsprechendes

Flügelsonne (mythologisch)

Sonne als Emblem (Sonnengott Ra)

Dabei ist bemerkenswert, daß die Art der Seh- und damit der Darstellungsweise bei den einzelnen Völkern wechselt: Man kann Gegenstände ja von der Seite zeichnen, aber auch von vorn, von oben, von unten und gewissermaßen „durchsichtig", z.B. Wasser in einem Gefäß, Korn im Sack. Man kann die Zeichen kombinieren, vervielfachen, miteinander kreuzen, addieren und verbinden.

Man kann auch nur einen Teil statt des ganzen Gegenstandes zeichnen, so Stierkopf statt Stier, oder auch nur das Gehörn.
Eine wichtige Rolle spielt die **Abstraktion**. Durch häufigeres Zeichnen schleift sich das Bild des Dargestellten ab und wird als Bildzeichen schwer oder gar nicht mehr erkennbar; so haben sich die Schriftzeichen der Keilschrift (in ihrer ausgeprägten Gestaltung) und des Chinesischen von den ursprünglichen Bildformen weit entfernt, während ägyptische, aztekische oder Maya-Hieroglyphen ihre Bildformen beibehielten.
Auch die **Anordnung der Zeichen** zueinander sorgte für eine Übereinkunft in der Bilderschrift. Die vier möglichen Zeichengrößen innerhalb einer Zeile stehen für die ägyptischen Hieroglyphen fest.

Quadrat	Stehendes	Oben Liegendes	Unten Liegendes	Viertel

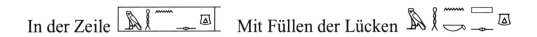

In der Zeile   Mit Füllen der Lücken

Man verzichtete auf die kleineren Zeichengrößen und schrieb nur noch in einer Zeilenbreite; entsprechend werden die Zeichen unterschiedlich gedehnt, so in der Keilschrift (2. und 3. Zl.):

Abb. 1 Assyrische Keilschrift in Stein gemeißelt (Detail)
Gelängte Zeichen in 2. und 3. Zl.

Man normierte die Zeichengröße und schrieb sämtliche Zeichen oder Zeichenkombinationen in gleich große, längliche Quadrate, wie z.B. Maya-Hieroglyphen.

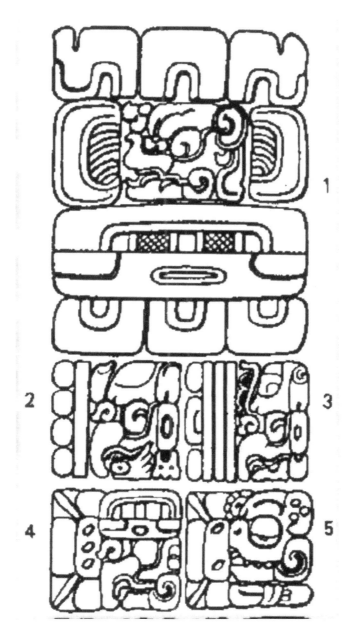

Abb. 2 Maya-Hieroglyphen mit Kalenderdatum
Zeichen 1 gedehnt, Zeichen 2-5 in länglichen Quadraten

Oder man hat sie in stets gleich großen Quadraten angeordnet, wie im Chinesischen, allerdings ohne Rücksicht darauf, wie kompliziert dadurch das einzelne Zeichen werden konnte. Jedes chinesische Schriftzeichen nimmt also den gleichen Raum ein, ungeachtet der Strichfolgen und damit der Pinselzüge, die es formen. Entsprechend mußten Zeichen ganz dicht zusammengedrängt oder auf ein Quadrat gedehnt und weit auseinandergezogen werden.

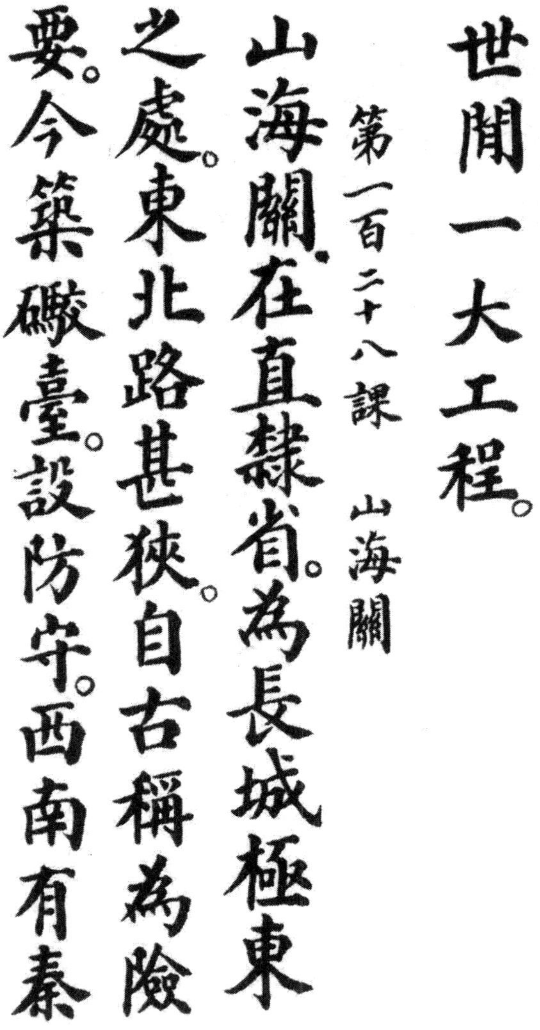

世間一大工程。
第一百二十八課　山海關
山海關在直隸省為長城極東
之處東北路甚狹自古稱為險
要今築礮臺設防守西南有秦

Abb. 3 Chinesische Schrift
In Zl. 1 Zeichen 3,4,5 gedehnt, Zeichen 6 etwas gedrängt

Andere Bilderschriften legen unterschiedliche Zeichengrößen fest, die in Zeilen übersichtlich angeordnet werden (Osterinselschrift, Indusschrift, aztekische, hethitische, ägyptische Hieroglyphen).
Die Schriftrichtung spielt bei der Normierung der Bilderschriften eine wichtige Rolle. Die meisten Bilderschriften haben ihre Zeichen in Zeilen angeordnet, deren Verlauf sich wiederholt. Ausnahmen hierzu sind einige mexikanische Bilderschriften, deren Zeilenfolgen in Spiralen verlaufen.
In der Regel werden die Zeilen gefüllt von Oben nach Unten (Chinesisch, Maya), von Links nach Rechts (Keilschrift), von Rechts nach Links (Ägyptisch, Indus) oder im Zickzack (sog. Bustrophedon), wo die eine Zeile nach links, die nächste nach rechts verläuft (Osterinselschrift, Hieroglyphenhethitisch, frühes Altgriechisch).

Abb. 4 Aztekisch-mixtekische Hieroglyphen (Detail)

Abb. 5 Indusschrift (Detail von zwei Siegeln)

Abb. 6 Osterinselschrift (jede 2. Zl. auf dem Kopf)

Abb. 7 Hethitische Hieroglyphen (jede 2. Zl. in Gegenrichtung)

Manche Bilderschriften sind in der Schreibrichtung nicht festgelegt: Die Maja-Hieroglyphen können auch spiegelbildlich verlaufen, allein die ägyptischen Hieroglyphen können in 4 verschiedenen Richtungen symmetrisch zueinander gestellt werden (und so z.B. eine Tür umrahmen):

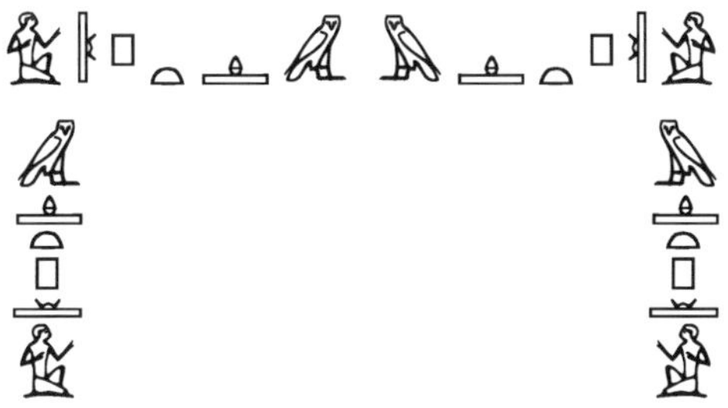

Abb. 8 Die vier Schriftrichtungen ägyptischer Hieroglyphen

Meist hat sich im alltäglichen Gebrauch eine Schriftrichtung bevorzugt durchgesetzt, in der Regel von Rechts nach Links (die meisten orientalischen Schriften), oder von Links nach Rechts (die meisten europäischen Schriften).

Nur in einem Fall läßt sich in der Schriftgeschichte ein **Wechsel in der Schriftrichtung** feststellen. Als die sumerische Schrift voll im Gebrauch war, werden ab einer gewissen Zeit alle Zeichen um 90° gedreht und sind dann als Keilschrift stilisiert. Eine Begründung für diese Drehung ist unbekannt; sie kann mit der veränderten Handhabung der Tontafel während des Schreibens zusammenhängen.

Bild	Archaisch	Klassisch Sumerisch	Altbabylonisch	Neuassyrisch	Sumerischer Sinn- und Silbenwert	Bedeutung
					sag	Kopf
					schu	Hand
					sal	Frau
					gud	Rind
					muschen chu	Vogel
					ku cha	Fisch
					gi	Schilf
					sche	Korn
					sar	Beet

Abb. 9 Drehung der Bilder bei Überführung der Zeichen in Keilschrift

1.2 Die Abstraktion der Bildzeichen

In allen Bilderschriften ist eine Neigung erkennbar, neben den reinen Bildzeichen zum Aufzeichnen der Wörter, die man sofort und auf Anhieb erkennen und damit ‚lesen' kann, auch Zeichen zu entwickeln,, die bildlich nicht darstellbare Dinge wie Gedanken, Bewegungen, Eigenschaften u. dergl. zeigen. So werden schwierig darstellbare Begriffe als einfache oder zusammengesetzte „Ideogramme" geschrieben. Neben die reinen Bildzeichen wie z.B. 🐂 Rind oder 🦢 Gans werden symbolische Bildzeichen gestellt.

Der Begriff „alt" durch einen Mann, der sich auf einen Stab stützt 🧍

Der Begriff „finden" durch einen findenden Vogel 🦢

Der Begriff „Gau" durch ein (blau gemaltes) Kanalsystem zwischen quadratischen Feldern ⊞

Schon die Vielfalt der Sicht- und Betrachtungsweisen für den gleichen Begriff zeigt die breite Palette einer Bilderschrift. Der Begriff „Weg" ist in Ägyptisch eine Straße, von oben gesehen, die links und rechts mit (grünen) Büscheln bewachsen ist ⌐⌐ ; grafisch vereinfacht und normiert ⌐⌐ .

Diese Bildzeichen können vier verschiedene Methoden symbolischer Schreibweise darstellen:

1. Ausdruck der Bewegung

a. durch Schrägstellung: | "Keule" als Gegenstand (auch „weiß" wegen des Kalksteinkopfes)

⌐ mit der Keule schlagen

b. durch Wiederholung: ≈≈≈ „Wasser" als 3 Wasserwellen

c. durch Kombination: ⌐⌐ Arm mit Wasserwelle für „waschen"

2. Pars pro toto: ⌒ Mondsichel für "Mond, Monat"

3. Metapher: 🦩 roter Flamingo für „rot"

𝍢 grüner Papyrusstängel für „grün, frisch"

4. Metonymie (Ursache statt Wirkung, Werkzeug statt Tätigkeit):

⛵ Segel für „Wind, Atemluft"

👁 Auge für „sehen, erblicken"

Die Bildzeichen können auch zusammengesetzt werden und in Kombination stehen. Dafür gibt es mehrere Formen:

1. Das gleiche Zeichen wird mehrfach wiederholt:

🦆 Wäscher (zweimal: 🦆 "Wasservogel")

≈≈ Wasser (dreimal: ≈ „Welle")

2. Die Zeichen werden addiert:

🐦 Vogel mit Fisch = „Fische fangen"

3. Die Zeichen werden verbunden:

    🪓 Hacke von der Seite + Teich von oben = „gründen"

4. Die Zeichen umfassen sich:

    𓂄 ausgebreitete Arme + Diener = „Totenpriester"

5. Die Zeichen werden eingeschlossen:

    🐝 Palast + Biene (Wappen von Unterägypten) = „Palast von Unterägypten"

6. Die Zeichen werden gekreuzt:

    ⚒ Gold + weiße Kalksteinkeule = „Silber"

7. Die Zeichen werden gedreht:

    ∧ vorwärts gehen   ∩ zurückgehen, fliehen
    🐕 Schakal   🐕 sich umwenden

Die Drehung eines Zeichens um Ausdruck bestimmter Bedeutungen gibt es in den Bilderschriften nur vereinzelt.

1.3 Vom Bild zum Lautzeichen

Die bisher aufgezählten Darstellungsformen gelten für alle Bilderschriften. Sobald sich jedoch die Bilderschrift auf sprachliche Elemente besinnt, um bestimmte Aussagen zu treffen, die Schrift also auf einer bestimmten Nationalsprache beruht, wird das Prinzip allgemeiner Bilderschrift überwunden: der Übergang von einer Bilderschrift, die auch ohne Sprachkenntnis verstanden werden kann, zur Lautschrift ist dann vollzogen. Die jeweiligen Schriftsysteme können nicht mehr verstanden werden, sobald man die Sprache nicht beherrscht, sie sind auch nicht mehr miteinander vergleichbar, wie etwa Aztekisch mit Chinesisch.

Dieses Prinzip gilt schon bei „übertragenen Ideogrammen", d.h. bei gleichlautenden Wörtern, die nach Art von Bilderrätseln geschrieben sind. Im deutschen wird z.B. für den Begriff „Stift" (Lehrling, fromme Einrichtung) ein Bleistift gezeichnet. Ein solches Rebus ist für andere unverständlich, die die Sprache nicht gut kennen.

Im Aztekischen wird der Name *Teocaltitlan* „die Tempelleute" in dieser Hieroglyphenkombination wiedergegeben:

Abb. 10 Aztekische Komposit-Hieroglyphe

Die Zeichen Lippen unten links (*te-tli*) in einem Weg mit Fußspuren (*o-tli*), darauf ein Haus (*cal-li*), daneben das Zeichen rechts für Zahn (*tlan-tli*), diese Verbindung ergibt die (ungefähre) Lesung *Teolcal(ti)tlan*.

1.4 Vom Bild zur Silbenschrift

Im Übergang vom Bild- zum Lautzeichen gibt es als Zwischenstadium die Silbe. Die Silbenschrift ist für Sprachen entwickelt worden, die viele mehrsilbige Wörter haben und durch Silben die Bezeichnungen und vor allem Flexionen der Wörter ausdrücken wollen. Dabei bedient man sich, gleich dem Rebus, ganz kurzer Wörter, die man als Silbe verwendet.
So könnte im Deutschen das Bild „Kamm" für die Silbe „Kam" verwendet werden, in den Wörtern KAMin, ZweiKAMpf, oder „er KAM zurück". Die Silben können noch einfacher gebildet sein: außer KAM gibt es die Silben KA und AM. Mit der Reduktion der Silben auf die Vokale und Konsonanten allein ist eine Schrift entstanden, die alle Worte lautlich genau wiedergeben kann, welche die Sprache besitzt.

Bei Lesung gibt es mitunter Deutungsschwierigkeiten, daher werden zusätzliche Lesehilfen gebraucht: Kategorien, Deutehilfen und Zahlzeichen werden als ergänzende Angaben verwendet.

1.5 Von der Silbenschrift zum Buchstaben

Die Abstrahierung von Bildern über Ideogramm, Rebus und Silbenzeichen schafft noch kein Alphabet. Die Konsonanten können nicht isoliert werden, da ein isoliertes T oder G (ohne Vokalstützlaut) sehr schwer ausgesprochen werden kann. Das ist bei den Vokalen A, E, I, O und U anders.

Von den existierenden Bilderschriften haben nur die ägyptischen Hieroglyphen diese weitere Abstraktion vollzogen: Man verzichtete ganz und gar auf die Vokale und schrieb nur Konsonanten. Entsprechend bestehen ägyptische „Silbenzeichen" aus drei, zwei oder einem Konsonanten.

Diese Mißachtung von Vokalen lag wohl daran, daß im Ägyptischen kein einziges Wort mit einem Vokal begann, man kannte demnach nur Konsonanten als Anfangszeichen einer Silbe.

Außerdem kappten sie die Endungen der Wörter. Die für die Schriftentwicklung wichtigen Wörter sind also ohne Vokale und endungslos. So ist das Femininum im Ägyptischen (Endung –at oder –t) in der Frühzeit oft nicht geschrieben worden und wurde bei Formung des Alphabets übergangen.

Das feminine Wort *nobat „Korb", geschrieben ⌒ , vertrat die „Silbe" **nb**; das Wort *fet „Schlange", geschrieben ～ , vertrat die „Silbe" fe, demnach also den Buchstaben *f.* Mit einer Liste von 28 Alphabetszeichen ist die Idee der Buchstabenschrift ausgebildet: das Alphabet war geboren.

Allerdings waren die Wortbilder in der ägyptischen Schrift das vorherrschende Element. Man buchstabierte mit Dreierzeichen (z.B. ḫrp, ꜥnḫ), Zweierzeichen (mn, ḫp) und Einerzeichen (s, t, ḏ). Zu einer reinen Alphabetsschrift ohne den Ballast der Bild-Elemente haben sich die ägyptischen Maler und Hieroglyphenschreiber nicht durchringen können.

Dieses „Alphabet" ohne Vokale hat im Orient weitere Verbreitung gefunden. Phönizisch, Kanaanäisch, Ugaritisch, Arabisch, Syrisch, Hebräisch und Aramäisch haben es übernommen.

Erst die Griechen, die ihre Schrift aus den phönizischen Lettern übernahmen und weiterentwickelten, definierten einige der in ihrer Sprache nicht vorhandenen Laute als Vokale um und schufen damit den Mischtyp Alphabet aus Konsonanten und Vokalen, also ein echtes Alphabet in unserem Sinne.

Mit eindeutiger Schreibung und leichtem Lesen aller Wörter durch das echte Alphabet sind die vorhergehenden Schriftsysteme obsolet geworden. Die älteren

Schriftsystem starben aus, die Sonderzeichen der Bilderschrift wurden überflüssig, sie gingen zu Lasten einer schnellen und eindeutigen Lesbarkeit. Aber das im Alphabet Geschriebene hatte auch seine Nachteile: Man schrieb ja in Griechenland und Rom ohne Wortabstände, ohne Großbuchstaben und ohne Satzzeichen, allewortedirekthintereinander.

Alle Sonderzeichen zu einer schnelleren Lesung des Textes wurden erst im Mittelalter entwickelt: die Großbuchstaben, die Satzzeichen, die Lücken zwischen den Wörtern haben sich ganz allmählich ausgebildet.

Als kleine Hilfe zur besseren Lesbarkeit haben orientalische Schriften wie Arabisch oder Hebräisch besondere Schlußzeichen für einige Buchstaben entwickelt, die den hintereinander ohne Absätze oder Lücken geschriebenen Text gliedern helfen.

So erscheint der arabische Buchstabe ʿ**Ajin** am Anfang als ـع in der Mitte als ـعـ und am Ende als ع. Für sich alleinstehend zeigt er die Gestalt ع.

Die hebräischen Buchstaben מ צ פ כ haben als Schlußformen ם ץ ף ך.

1. 6 Die Schriftstufen

Die Abstrahierung der Schrift vom Bild zum Buchstaben durchläuft eine aufsteigende Entwicklung:

1. Bildzeichen ⊙ Sonne

2. Ideogramm 𓁿 weinen

3. Rebus ✎ Stift (Instrument, fromme Einrichtung, Lehrling)

4. Dreierzeichen/geschlossene Silben KAM ; ägyptisch ☥ ʿnḥ, *ʿanḫ

5. Zweierzeichen/offene Silben   KA / AM; ägyptisch ⌒ *nb*, *nib

6. Einerzeichen /Konsonant   K; ägyptisch ◿ *b*, *bu

7. Einerzeichen/Vokal   A / AU [fehlt in Ägyptisch]

8. Alphabet   A, B, C, D, E, F...

Als Hilfe für die Verständigung haben die älteren Schriftsysteme, die sich nicht auf Buchstaben beschränkten, folgende zusätzlichen Zeichen eingeführt:

9. Deutezeichen oder Klassenzeichen   🧍 Tätigkeiten mit dem Mund

                                        🐾 Klasse der vierfüßigen Tiere

10. Lesehilfen und Zahlzeichen   ━ Abstraktes (Papyrusrolle)

                                        ı ı ı Zeichen für Mehrzahl (Plural)

Diese Verständigungshilfen stehen entweder vor oder hinter dem Wort, das nicht sofort lesbar ist. (in Keilschrift und in Chinesisch meist davor, in den ägyptischen Hieroglyphen dahinter). Bei hethitischen Hieroglyphen ist eine Mischung zwischen beiden Prinzipien festzustellen.

1.7 Einteilung der Schrift

Die Bilderschriften sind zahlenmäßig in der Minderheit. Im Vergleich zu den Silben- und Buchstabenschriften haben sie sich schon allein aufgrund ihres Zeichenreichtums als unübersichtlich und schwer erlernbar erwiesen und sind daher relativ früh ausgestorben. Die Zeichenmenge ist ein eindeutiges Kriterium für die Schwierigkeiten einer urtümlichen Schrift.

SCHRIFT	ZEICHENMENGE [2]
Chinesisch	24.200 (das größte Standartwörterbuch 44.440 Zeichen)
Maya-Hieroglyphen	1300
Keilschrift	970 (Assyrisch 300 Zeichen)
Ägyptisch	700 (alle Schriftformen ca. 8500)
Osterinselschrift	600
Indusschrift	400 (davon 150 mit Varianten)
Hethitische Glyphen	350
Äthiopisch	183 Silbenzeichen
Tschuktschisch	140
Bamum/Zentralafrika	70
Deutsch	30 (mit Großbuchstaben und Sonderzeichen 88)
Arabisch	28 (mit Sonderzeichen 135)

Man kann davon ausgehen, daß eine Schrift mit weniger als 30 Zeichen eine Alphabetsschrift ist, eine Schrift von 50 – 200 Zeichen eine Silbenschrift und alles darüber hinaus gehende eine Mischform mit Bildzeichen, Ideogrammen und Lesehilfen sein muß, wenn nicht gar eine richtige Bilderschrift.

Auch das Alter ist ein wichtiges Kriterium. Ältere Schriftsysteme sind in der Regel komplizierter und traditionsbewußter als neuere Schriften, die auf den Erfahrungen und Ergebnissen älterer Schriften beruhen: so hat sich aus dem klassischen Chinesischen die vereinfachte Silbenschrift der Japaner entwickelt.

Im Vergleich zu den Ahnen (ägyptische Hieroglyphen / Keilschrift / Indusschrift) sind alle anderen Schriften wesentlich jünger oder sogar nur Erfindungen der Neuzeit (Bamum, Tschuktschisch).

Einige der Bilderschriften sind wegen zu geringer Schriftzeugnisse oder wegen der unbekannten Sprache, die sie schreiben, derzeit noch nicht entziffert: die Indusschrift, die Osterinselschrift, die Mayahieroglyphen (in ihren speziellen Feinheiten), das Aztekische, die kretischen Glyphen (z.B. Diskos von Phaistos).

Im Vergleich zu allen anderen Schriftsystemen hat das <u>Chinesische</u> den größten Zeichenvorrat, es hat sich – wie die Keilschrift – von der bildlichen Ursprungsform entwickelt und ist ganz und gar grafisch geworden. Sie kennt nur die Schriftstufen 1 – 3 und 9 (vgl. Kap. 1.6), dabei kann Stufe 9 nicht alleine stehen. Die Klassenzeichen bzw. Deutezeichen stehen im Chinesischen **voran**. Das Chinesische zieht Deutezeichen, Lautzeichen und Lesehilfen zu einem einzigen Quadrat zusammen, das dann zuweilen übermäßig vollgestopft mit Zeichen erscheint:

---

[2] Angaben nach Jensen, Die Schrift, pass.

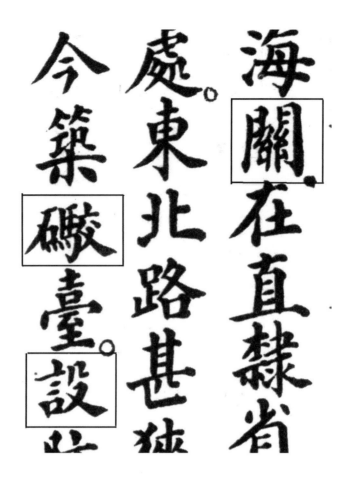

Abb. 11 Chinesische Kompositzeichen

Die <u>Keilschrift</u> hat die Schriftstufen 1 – 5, 9 + 10. Ihre Silben haben die Form GAM, GA, AM, A. Lesehilfen und Deutezeichen stehen **davor**, seltener auch **dahinter**. Im Vergleich zu den ägyptischen Hieroglyphen kennt die Keilschrift viel weniger Deutezeichen, sie werden auch seltener verwendet.

Die <u>ägyptische Schrift</u> zeigt die Schriftstufen 1 – 5, 7, 9 + 10. Sie schreibt nur Konsonanten, dementsprechend kennen die „Silben" keine Vokale, sie sind Dreierzeichen (*ḫpr* gesprochen *chôper), Zweierzeichen (*mn* gesprochen *mân oder *man) und Einzerzeichen (*f* gesprochen *fê). Lesehilfen und Deutezeichen stehen **hinter** dem Beziehungswort.

Von Ägypten aus ist das Schriftprinzip der eingeschränkten Alphabetsschrift, die nur Konsonanten schreibt, über die Zwischenstufen Sinai-Schrift, Kanaanäisch, Phönizisch in nord- und südsemitische Schriftsysteme weiterentwickelt worden.

Vokalhaltige Alphabete sind nach dem Vorbild des Phönizischen in Europa entwickelt worden oder auch nach dem Prinzip neu geschaffen worden (z.B. Mongolisch, Pahlawi, Somali).

1.8 Allgemeines zu den Hieroglyphen

Ägyptische Hieroglyphen sind eine Schrift zur Wiedergabe ägyptischer Sprache. Vokale werden in der Schrift übergangen, sie sind bei der Schrifterfindung nicht berücksichtigt. Wenn sie z.B. bei ausländischen Namen unbedingt erforderlich sind, wird das komplexe System der sog. „syllabischen Schrift" verwendet.

Die **Transskription** ägyptischer Hieroglyphen berücksichtigt die Vielfalt der lautlichen und grafischen Zeichen gar nicht, sie reduziert auf den Lautbestand der Konsonanten (mit entsprechenden grammatischen Kennzeichen wie Plural, Suffixe u.dergl.). Anders als im Babylonischen und Assyrischen läßt sich also ein aus den Hieroglyphen transkribierter Text nicht mehr in die Hieroglyphenvorlage zurückführen, weil nur der reine Wortstamm transkribiert wird und die entsprechende Orthographie nicht transkribiert ist. Die schriftliche Vielfalt wird so auf das sprachlich Wesentliche reduziert. Die grafische Komponente oder der künstlerische Wert kommen hierbei zu kurz. Auch experimentierfreudige Schreibungen und Schriftspielerei werden dabei nicht berücksichtigt.

Die Kategorien der Hieroglyphen werden in bisherigen Grammatiken in dem Kapitel „Schriftlehre" behandelt, aber nur andeutungsweise und oberflächlich. Schon ein Vergleich der dort benutzten Definitionen zeigt keine einheitliche Nomenklatur. Dieser Mangel an Kongruenz wird umso größer, wenn man statt ägyptischer Hieroglyphen andere Bilderschriften analysiert.

Eine solche Liste von Kategorien ist jedoch dringend erforderlich, um die Beschreibung von Glyphenschriften zu vereinheitlichen und das Gemeinsame aller Bilderschriften herauszufinden.

1.9 Die Zeichenfunktionen

Die Zeichenfunktionen der Hieroglyphen kann man in 9 Kategorien erfassen, vgl. die Tabelle:

ZEICHEN	HIEROGLYPHE
Bildzeichen	Stier
Ideogramm	weinen
Rebus	*mr* Meißel; *mr* schlimm (Verletzung durch den Meißel)
Dreierzeichen	ꜥ*nḫ*
Zweierzeichen	*mn*
Einerzeichen „Alphabet"	*b*
Deutezeichen	vierfüßiges Tier (Tierfell)
Lesehilfen	＼ ＝ Strich, Schräg- Doppel- Dreifachstrich
Kryptogramm	Offene, verdeckte Sigle; Richtige Geheimschrift

In den ägyptischen Grammatiken sind die Zeichenbestimmungen auf diese Kategorien beschränkt, denn andere Zeichenfunktionen werden nicht genannt oder bestimmt, bestenfalls als vorhanden erwähnt.

Eine Zusammenstellungen der Benennungen in den verschiedensten Grammatiken zeigt, welch unterschiedliche Auffassungen bei den Gelehrten herrschen:

ZEICHEN-FUNKTION	BENENNUNG IN DEN GRAMMATIKEN
Bildzeichen [1]	Alte Bildzeichen (Erman 23) Logogramm (Schenkel 91) Semogramm (Schenkel 91) Wortzeichen (Erman 28)
Ideogramm	Ideogramm (Edel 55, Brunner 61, Sander-Hansen 63) Idéogramme (Lefebvre 55) Ideograms (Gardiner 57) Sense-signs (Gardiner 57) Tropische Schreibung (Schenkel 91) Wortzeichen (Sander-Hansen 63) Zeichen mit gleichen Konsonanten (Erman 23)
Rebus	Homophones (Lefebvre 55) Idéogramme avec signification symbolique (Lefebvre 55) Monograms (Gardiner 27) Phonogramm (Schenkel 91) Phonogramme (Lefebvre 55) Phonograms (Gardiner 57) Sound-signs (Gardiner 57) Zeichen mit gleichen Konsonanten (Erman 23)
Dreierzeichen	Dreikonsonantenzeichen (Brunner 61) Dreikonsonantige Phonogramme (Edel 55, Sander-Hansen 63) Phonogramm (Brunner 61, Schenkel 91) Phonogrammes trilitèrères (Grandet 90) Signs trilitèrères (Lefebvre 55) Triliteral signs (Gardiner 57) Zeichen mit drei Konsonanten (Erman 23)
Zweierzeichen	Biliteral signs (Gardiner 57) Phonogramm (Brunner 61) Phonogrammes bilitèrères (Grandet 90) Signs bilitèrères (Lefebvre 55) Zeichen mit zwei Konsonanten (Erman 23) Zweikonsonantenzeichen (Schenkel 91, Brunner 61) Zweikonsonantige, lautliche Zeichen (Erman 28) Zweikonsonantige Phonogramme (Edel 55, Sander-Hansen 63)

---

[1] Nicht aufgeführte Grammatiken kennen die jeweiligen Kategorien nicht oder setzen sie als gegeben voraus

Einerzeichen „Alphabet"	Alphabet (Erman 28, Lefebvre 55, Gardiner 57, Grandet 90)
	Alphabetische Zeichen (Erman 23)
	Einkonsonantige Phonogramme (Edel 55)
	Einkonsonantige Phonogramme (Alphabet) (Sander-Hansen 63)
	Einkonsonantenzeichen (Edel 55, Brunner 61)
	Komplement (Schenkel 91)
	Konsonantische Phonogramme (Schenkel 91)
	Phonogrammes unilterères (Grandet 90)
	Signs uniliterères (Lefebvre 55)
	Uniliteral signs (Gardiner 57)
Deutezeichen	Deutezeichen (Schenkel 91)
	Deutezeichen (Determinativ) (Sander-Hansen 63)
	Determinativ (Erman 23, Erman 28, Edel 55, Brunner 61)
	Déterminativ (Lefebvre 55, Grandet 90)
	Generic determinatives (Gardiner 57, Schenkel 91)
	Semographische Kennzeichnungen (Schenkel 91)
Strich	Le trait (Lefebvre 55)
Dreifachstrich	Pluralité, collectivité (Grandet 90)

Diese Übersicht macht deutlich :

- Bildzeichen werden stillschweigend vorausgesetzt

- Viele Grammatiken trennen nicht zwischen Ideogramm und Rebus

- Zweier- und Dreierzeichen sind für Grammatiker komplex zu fassen

- Die Frage, ob die ägyptischen Einerzeichen ein echtes Alphabet sind, wird bei vielen Grammatiken umgangen. Ein echtes Alphabet enthält sowohl Vokale wie Konsonanten

Viele Sonderfunktionen der Hieroglyphen, wie Zeichenwiederholungen oder die sog. *Polygramme* (Schenkel 91) gehören nicht zu den lautlichen Kategorien, sie sind grafische Eigentümlichkeiten der Schrift.

1.10 Die lautlichen Funktionen des Einzelzeichens

Von Grammatik zu Grammatik wechselt die Betrachtungsweise der Schrift und scheidet sich in mehr grafisch oder mehr phonetisch orientierte Darstellungen. Aus den unterschiedlichsten Bezeichnungen mußte das Wesentliche destilliert und möglichst eindeutig bestimmt werden, dabei sollten die Bezeichnungen nicht allzu gräkolateinisch abgefaßt werden und damit verwirrend sein:

Bildzeichen (4 Standardgrößen)   🐂 Stier; 🌳 Baum; ⎯ Tür; O Ring;

Ideogramm   weinen; finden; alt;

Rebus   ⎥ *mr* Meißel; *mr* schlimm (wegen der Verletzungen, die der Meißel anrichten kann)

🦒 *mmj* Giraffe; *sr* vorhersehen, prophezeien (wegen der Wachsamkeit der Giraffe)

△ *ḥtp* Mahlzeit (eine Matte, auf der ein Brot in Topfform steht); dann Speiseopfer für die Götter und Toten; dann *Altar* für die Speiseopfer aus Stein, Metall, Holz; übertragen: *zufrieden, friedlich, gnädig, glücklich sein.*

Dreierzeichen   ☥ ꜥnḫ; ✶ dwꜣ; 𓆣 ḫpr;

Zweierzeichen   ⎯ mn; ḥz; mꜣ;

Einerzeichen
„Alphabet"   ⎯ f; ⁓ n; 𓅓 m;

1.11 Lesehilfen und grafische Zeichen

Die Deutezeichen zeigen die Klassen an, zu denen das jeweilige Wort gehört.

Deutezeichen (Tierfell) vierfüßige Tiere: Pavian, Hund, Ziegenbock, Esel, Wolf u.dergl.

(Ast) was aus Holz ist: Bett, Sessel, Peitsche, Säule, Szepter, Wagen, Schale

Diese Deutezeichen stehen (entsprechend ihrer Bedeutungsschattierung) **hinter** den Wörtern. Sie stehen in der Regel allein, aber können auch gestaffelt werden:

3tw.t Bett (was aus Holz ist)

ꜥ3 Türflügel (Tür + was aus Holz ist)

wdf zögern (schlechtes Verhalten + Weg + gehen)

Die Funktionen des Striches ı sind vielfältig; er kann Lesehilfe, aber auch grafisches Zeichen sein:

1. Er fixiert das Bildelement des vorherigen Schriftzeichens:

bedeutet *tp* Kopf (wie abgebildet)

bedeutet *zj* Mann (wie abgebildet) nicht z.B. ich oder dergl.

bedeutet *njw.t* Stadt (wie abgebildet)

2. Er kürzt ein kompliziertes Zeichen ab:

für *ḥwj* schlagen;

für *ḥm* Majestät (des göttlichen Königs; Lesehilfe göttlich)

3. Er kürzt einen Selbstlaut ab:

für *ḥr;*

für *k3;*

Der Schrägstrich ＼ ersetzt schwierige und kompliziert zu schreibende Bildzeichen:

[hieroglyphs] statt [hieroglyphs] *dšr* rot;

[hieroglyphs] statt [hieroglyphs] *j3.t* Amt;

Der Doppelstrich ＼＼ ist Kennzeichen des Duals (Endung auf –j); in älterer Zeit stehen die Strichlein aufrecht ıı :

[hieroglyphs] *ꜥ.wj* die beiden Arme; älter [hieroglyphs], für spielerisches [hieroglyphs]
[hieroglyphs] *sn.tj* die beiden Schwestern, für spielerisches [hieroglyphs]

Der Dreifachstrich ııı ist Kennzeichen des Plurals (Endung auf –w):

[hieroglyphs] *ḥr.w* Gesichter, für spielerisches [hieroglyphs]

[hieroglyphs] *ḥm.wt* Frauen, für spielerisches [hieroglyphs]

Er kann auch Deutezeichen für eine unbestimmte Anzahl oder Menge sein:

[hieroglyphs] *šꜥj* Sand; [hieroglyphs] *jn.w* Abgaben, Tribute

Daneben gibt es die kleine Gruppe der Begleitzeichen, die nicht direkt als Deutzeichen anzusprechen sind, da sie mit dem vorhergehenden Zeichen wie eine Sigle zusammengefaßt erscheinen und vor allem in hieratischen Texten häufig vorkommen.
So wird in der Schreibschrift hinter Zeichen mit dem Auslaut auf –A in der Regel das Alif dazugesetzt. Man schreibt also in der Regel [hieroglyphs] oder [hieroglyphs] für die einfacheren Schreibungen [hieroglyphs] der Denkmäler.
Andere Begleitzeichen erläutern das vorhergehende Schriftzeichen, das durch Stilisierung oder Geometrisierung in seinem Bildcharakter unklar geworden ist:

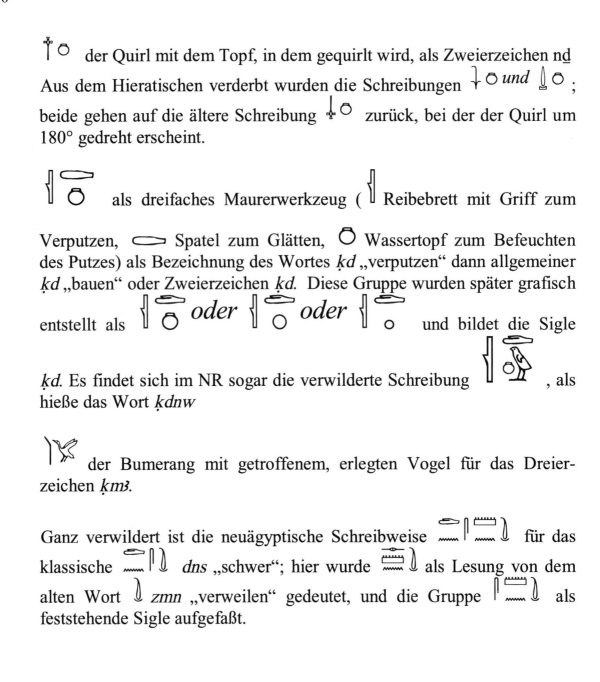

der Quirl mit dem Topf, in dem gequirlt wird, als Zweierzeichen nd̲. Aus dem Hieratischen verderbt wurden die Schreibungen und ; beide gehen auf die ältere Schreibung zurück, bei der der Quirl um 180° gedreht erscheint.

als dreifaches Maurerwerkzeug (Reibebrett mit Griff zum Verputzen, Spatel zum Glätten, Wassertopf zum Befeuchten des Putzes) als Bezeichnung des Wortes k̲d „verputzen" dann allgemeiner k̲d „bauen" oder Zweierzeichen k̲d. Diese Gruppe wurden später grafisch entstellt als oder oder und bildet die Sigle k̲d. Es findet sich im NR sogar die verwilderte Schreibung , als hieße das Wort k̲dnw

der Bumerang mit getroffenem, erlegten Vogel für das Dreierzeichen k̲m3.

Ganz verwildert ist die neuägyptische Schreibweise für das klassische dns „schwer"; hier wurde als Lesung von dem alten Wort zmn „verweilen" gedeutet, und die Gruppe als feststehende Sigle aufgefaßt.

1.12 Das Kryptogramm

Eine kryptographische Verwendung der Hieroglyphen beschränkt sich hier auf einige, wenige Beispiele:

- auf einzelne Wörter oder Wortkombinationen in einem sonst unverschlüsselten Text, wie für ntr nfr „guter Gott"

- auf verschlüsselte Wörter. Wortgruppen und Sätze, die der Kundige erst nach langem Hinsehen und Nachdenken entschlüsseln und damit „lesen" kann, wie [Hieroglyphen] für [Hieroglyphen] *rn.w-k wr.w* „deine großen Namen"

- auf tatsächlicher Geheimschrift, die ohne Kenntnis des zugrundliegenden Codes nicht zu lesen war, wie die verschiedenen Schreibweisen des Gottes Amonre *jmn-rʿ*:

[Hieroglyphen]

Neben dieser echten Kryptographie gibt es ornamentale, sogar künstlerisch bedingte Kryptographie, die sogenannte „Schriftspielerei". Die ornamentale Kryptographie bemüht sich, bekannte und vertraute Texte in ungewöhnlicher Gestalt zu bringen, als Ornament dienen die Häufung gleichförmiger Schriftzeichen. Bekanntestes Beispiel ist die schier unlesbare Hymne auf Gott Sobek am Eingang des Tempels von Esneh [2], wo am südlichen Eingangspfeiler Widder gehäuft vorkommen, am nördlichen die Krokodile Überhand nehmen:

---

[2] LD Text IV, 19

Abb. 12 Nördlicher Pfosten des Esneh-Tempels, Detail oben

Diese Schriftspielerei ist etwa 115 n. Chr. datiert und enthält unter 350 Zeichen nicht weniger als 230 Krokodile, an einer Stelle sogar 18 Krokodile hintereinander. Natürlich ist dieser ingeniös erfundene Text für Nichteingeweihte unlesbar.

Der Anfang kann immerhin gedeutet werden:

Pfeiler:

Normal:

j3w n-k ḫrj nṯr.w rmṯ.w jtj wr „Preis dir, Oberster der Götter und Menschen, großer Regent..."

Eine andere Art von Schriftspielerei wählt die Form vom Personen mit Attributen oder Geräten, die verschlüsselt einen Text ergeben. So sind die Luxor-Architrave in dieser Form gestaltet [3] und auch das Bildfeld der sog. Tefnacht-Traumstele in Neapel:

Abb. 13 Bildfeld der Tefnacht-Stele in Neapel

Die Inschrift läßt sich enträtseln als:

jmȝḫj ḫr ḥrj-š-f nj-sw.t tȝ.wj ḥkȝ jdb.w nb nnw-nj-sw.t
„Angesehen bei Gott Harischaf, dem König der beiden Lande, dem Herrscher der Ufer, dem Herrn von Herakleopolis".[4]

In der künstlerischen Kryptographie werden Schriftzeichen zu einer Kunstform zusammengestellt, die man als <u>offene Sigle</u> mit einiger Mühe „lesen" kann. In den Wandgemälden des Tempels der Königin Hatschepsut von Deir el-Bahari findet sich ein Fries mit ihrem verschlüsselten Namen:

---

[3] LD III, 149 b + LD Text III,, 79
[4] Urk II, 1 Zl. 11-15 dabei einige Ungenauigkeiten im Vergleich zur obigen Zeichnung!

Abb. 14 Schlangenfries von Deir el-Bahari (Detail)

Um die Uräusschlange herum ist das Zeichen ⊔ in den mattweißen Hintergrund gekratzt. Die Schlange sitzt auf diesem gekratzten ⊔ und bildet mit ihrem Schwanz gleichzeitig das rote Zeichen ⚊ (die Nachbarfigur hat das gleiche Zeichen in Grün). Sie trägt auf ihrem Kopf ein ◡, vor ihrer Brust ein ◯ und ist umgeben von ☥𓊽. So ist die Sigle zusammengesetzt aus ☉⚊⊔◯◡☥𓊽 m3ʿ.t-k3-rʿ nṯr.t šn ʿnḫ ḏd „Göttin Maatkare (Thronname der Hatschepsut), ewig Leben und Dauer!" Diese Sigle sollte – hundertfach wiederholt – den Namen der Königin unerkannt vor zukünftiger Zerstörung sichern.

Als vollplastisches Kunstwerk zeigt sich die Kompositfigur Ramses' II. mit seinem Namen:

Abb. 15 Kompositfigur von Ramses II. aus Tanis,
heute Kairo, Mus. Jd'E 64735

Zusammengesetzt ist diese Plastik aus ⊙ 𓀔 mit einem 𓎛 in der Hand im Schutze von 𓅃 , d.h. ⊙𓍹𓇳𓄟𓋴𓆼𓅃𓏤𓋴𓏏 rꜥ-ms-sw ḫwj ḥrw „Ramses, von Horus geschützt".

Die verdeckte Sigle beruht auf der Verwendung gleichlautender Wörter, hierzu werden den Wörtern eine andere Lesung oder eine Nebenbedeutung untergeschoben.

Dieses Zeichen ist zusammengesetzt aus Gott Montu und dem Zeichen , der abgekürzten Schreibung des Wortes mḫj.t „Nordwind". Die Sigle hat also die Lesung mnṯw-mḫj.t. Gemeint ist dagegen der ähnlich klingende Name mnṯw-m-ḥꜣ.t „Gott Montu an die Spitze!", gesprochen vermutlich *Montjuemhê. Der Lautklang *emhê ist identisch mit dem Wort *mhê „Nordwind".

Andere verdeckte Siglen sind:

- bildlich ns „Zunge"; interpretiert als das, was im Munde ist, auf Ägyptisch jmj-rꜣ, das entspricht der Wortverbindung jmj-rꜣ „der, der im Tor ist, der Vorsteher"

- bildlich šnj „die Haarlocke", wird interpretiert als ḥrj-tp „Das, was auf de Kopf ist" und entspricht der Verbindung ḥrj-tp „Oberhaupt"

- wird interpretiert als Wasser unter dem nw-Topf, ägyptisch mw-ḫr-nw. Diese Wortfolge muß ähnlich geklungen haben wie die Wortverbindung m-ḫnw „im Inneren"

Die echte Kryptographische Schrift entwickelte ein eigenes System für die Verschlüsselung eines Textes. In ihrer einfachsten Form hat sie die Prinzipien der „normalen" Schrift, mischt sie jedoch mit kryptographischen Einsprengseln. So werden Worte und Wortteile mit normalen und kryptographischen Elementen gemischt. Für den Buchstaben ⌂ *t* verwendet man kryptographisch ⊖ das Doppelzeichen *t3* oder gar ◊ , das Doppelzeichen *wt*.

Als besondere Kniffe werden altertümliche Schreibweisen aufgegriffen, z.B. die Staffelung eines Zeichens, auch mit verschiedenen Lesungen. Die in der normalen Schrift peinlich genau unterschiedenen Vögel werden normiert und in Kryptographie bloß mit „Vogel" geschrieben. So entsteht

🕊🕊🕊 *statt* 🦅🦆🕊 .

Man stöbert alte, längst vergessene Lesungen auf und schreibt für das übliche Zweierzeichen ⌒ *nb* das seltene Wort 🐟 *nbj* „schwimmen", ⌒ *nb* „dahintreiben", 🧍 *nb* „Herr". Für das übliche Dreierzeichen ☥ *ꜥnḫ* verwendet man den Käfer 🪲 , weil es eine Käferart *ꜥnḫ* gibt.

In der Kryptographie verläßt man auch die Konventionen der gewöhnlichen Schrift. Man schreibt Konsonanten statt üblicher Wortzeichen, läßt Lesehilfen weg oder verwendet ungewöhnliche Zeichenkombinationen.

Auch grafische Prinzipien werden zur Verschlüsselung verwendet:

Man schreibt Schriftzeichen in Drehung: ◊ *statt* ⌒

Man ersetzt gewöhnliche durch ungewöhnliche Zeichen: ▷ Mund (Seitenansicht) statt ⌒ Mund (Vorderansicht) für Buchstaben *r*.

Man ändert die Zeichenformen und schreibt ◌ *statt* ◊ *für* ◊ mit Lesung *t*.

Man ändert die Bildform und schreibt 〰 *statt* ⌒ *oder* 🧍 *oder* 🧍 *oder* 🧍 .

Äußerlich ähnliche Zeichen werden vertauscht, ohne daß man Bezug auf die lautliche Lesung nimmt.

2. Grafische Gestaltung der Hieroglyphen

2. 1 Die grafischen Zeichenfunktionen

Die grafischen Funktionen eines Zeichen werden in fast allen herkömmlichen Grammatiken vernachlässigt. Für eine Beschreibung der Zeichenstellung, ihrer Größe zueinander, der Zeichenverbindungen, der Überkreuzung von Zeichen, der Schrägstellung u.dergl. fehlen bislang irgendwelche Kategorien.

Die Durchsicht einer beliebigen Zeichenliste läßt die interessante Frage aufkommen, warum Zeichen eine bestimmbare, normierte Größe zueinander haben, warum sie eine festgelegte Stellung innerhalb der Zeilen besitzen (stehend, liegend, zentriert), warum die Zeichen nur ganz selten gedreht werden können (90° Drehung vom Stehenden zum Liegenden Zeichen). 180° Drehung, also Stellung des Zeichens auf den Kopf), und warum die einmal festgelegte Zeichenausrichtung äußerst selten wechselt (z.B. bei spiegelbildlicher Schreibrichtung). Auch die grafischen Vereinfachungen oder Abschleifungen sind spezifische Merkmale, ebenso die Typisierung und Vereinheitlichung des Zeichensystems zu einem Vorrat von etwa 760 Zeichen (Gardiner hat 570), mit denen so gut wie sämtliche Texte geschrieben werden können. „Geläufig" sind etwa 350 Zeichen (Alphabet, Zweier-, Dreierzeichen, häufige Lesehilfen und Determinative).

Die grafischen Zeichenfunktionen haben nichts mit den Schriftspielereien zu tun, wie sie vereinzelt im Alten und Mittleren Reich, häufiger im Neuen Reich und ausufernd in der Spätzeit, vor allem in der griechisch-römischen Zeit, anzutreffen sind. Diese Spielereien mit der Schrift setzen ja einen Kanon von Schriftzeichen voraus, der durch spielende Gestaltung des Bildhaften und der symbolischen Deutung zunehmend verfremdet wird. Entsprechend tritt eine „Verwilderung" der Schrift ein, gleichzeitig damit geht die künstlerische Ausformung der Schriftzeichen einher. Schriftspielereien sind jedoch nicht in Kategorien zu fassen, zumal sie ja auch nur in den letzten Epochen des Hieroglyphengebrauchs vorkommen.

Die ägyptische Schrift wird durch den Bildgehalt ihrer Zeichen bestimmt. Die Abbildungen der Lebewesen und Gegenstände werden in den Konturen normiert, eine bestimmte Sicht als verbindlich festgelegt, gleichzeitig wird das einzelne Zeichen so stilisiert, daß das Charakteristische und Unverwechselbare des Darstellten mit den einfachsten Mitteln erfaßt ist, so daß ein Zeichen selbst bei schlechter oder schlampiger Ausführung der Schrift erkennbar und damit „lesbar" bleibt.

2.2 Die Seitenansicht

Für die meisten unmittelbaren Bildzeichen ist die Darstellung von der Seite, die Seitenansicht, gewählt. Fast alle Lebewesen, Vögel, Tiere, Fische, Menschen, Pflanzen haben diese Darstellungsform, aber auch Geräte, Töpfe, Gebäude, Möbel und Schmuck sind von der Seite gesehen... Aus der Vielzahl der Hieroglyphen nur einige Beispiele:

🦢 Gans, 𓅞 Ibis, 𓅐 Geier

𓃥 Schakal, 𓃱 Giraffe, 𓃭 liegender Löwe

𓆛 Tilapia-Fisch, 𓆟 Oxyrhynchus-Fisch, 𓆢 Kugelfisch

𓀀 Mann, 𓁐 Frau, 𓀔 Kind, 𓀔 Greis

𓊪 Brot in Topf, ⌣ geflochtener Schilfkorb, 𓏊 Henkelkrug mit Tülle

△ Pyramide, 𓉶 Obelisk, ǀ Stütze, 𓊃 Denkstein

𓆭 Baum, 𓆸 blühende Pflanze, 𓆰 kriechendes Kraut, 𓌡 Ähre

𓈖 Bett, ⊟ Truhe mit rundem Deckel, 𓍝 Standwaage

𓋨 Rollsiegel mit Tragekette, 𓎺 Armreif, 𓊓 Halmaspielstein

2.3 Die Aufsicht

Bei einigen Bildern ist die Seitenansicht schlecht möglich, man wählte zur charakteristischen Erfassung eine andere Perspektive. Einige dieser Zeichen sind schon in sehr früher Zeit so stark stilisiert worden, daß man ihren Bildgehalt nur auf Umwegen und durch Heranziehen älterer oder der ältesten Schreibformen erkennen und damit deuten kann.
Die Darstellung von Oben, die Aufsicht, ist meist für kleine Tiere, Gerätschaften, Eßwaren und einige geographische Zeichen verwendet worden. Ihre Zahl ist sehr groß.

Käfer, Eidechse, Fliege, Schildkröte, Muschel

Tausendfüßler, Zitterwels

Sandale, Sieb, Leitseil für Kühe aufgeräufelte Schnur

Fischnetz mit Halteschlaufen, Fingerring

Schwimmer für Netz und Harpune

Stoffbahn mit Fransen, zusammengerollte geflochtene Schilfmatte

quadratische Sitzmatte aus Schilf geflochten

Brotlaib, Kruste oben aufgebrochen

Bewässerungskanal, trapezförmiges Feld, von Kanälen umgeben

See-Bassin, Bewässerungssystem mit Kanälen

Weg mit Kräutern links und rechts, Stadtgrundriß mit Straßenkreuzung

Dreschtenne mit Körnern

Als Sonderformen sind die älteren Schreibungen für die „Blüte" interessant:

wn mit 4 Blütenblättern, dagegen älter im Emblem .

2.4 Die Untenansicht

Die Darstellung von Unten ist sehr selten. Ich habe hierfür im Schriftfundus nur zwei Beispiele gefunden, die sich offenbar nicht anders darstellen ließen:

ein Tierbalg mit Zitzen und buschigem Schwanz

eine ausgenommene, gebratene Gans

desgleichen, mit Einschnitt im Leib

2.5 Die Vorderansicht

Die Vorderansicht ist wohl aus magischen Gründen eingeschränkt verwendet worden und kommt deshalb im Schriftfundus relativ selten vor. Ein Rest dieser magischen Scheu ist in der urtümlichen griechischen Sage vom „Haupt der Medusa" erhalten, das beim Anblick alle zu Stein erstarren läßt. Ein solches Medusenhaupt ist auf griechischen Vasen häufig dargestellt und zeigt das Gesicht breitflächig und fratzenhaft von vorn.

Das Haupt der Medusa geht vermutlich auf eine ägyptische Bes-Darstellung zurück, die gleichfalls durch ihre Vorderansicht böse Geister abschrecken soll.

Auch die kuhköpfige Göttin Hathor wird von vorn gezeigt, das ägyptische Wort dafür b3.t ist Bezeichnung eines Amulettes, das um den Hals getragen wird, und hat die Grundbedeutung „die Beschwörende, die Bezaubernde".

Daneben gibt es praktische Gründe für eine Darstellung von vorn, wenn sich keine andere Sichtweise anbot:

⌢ Perlenkragen mit Haltebändern

⌒ Lendenschurz mit Bändern zum Zubinden

⌣ Kuhgehörn

🏛 Tempeltor

Bei einigen Körperteilen spielen magische Vorstellungen mit hinein:

Gesicht mit Bart (sehr früh auch Gesicht ohne Bart)

Lippen von vorn (sonst Lippen von der Seite)

Lippen mit Zähnen

weibliches Geschlechtsteil (behaarte Venushügel mit Vulva)

Auge mit den Varianten

Bei einigen Zeichen hat diese magische Scheu keine Bedeutung; so ist das Schriftzeichen (in Details mit Varianten wie) eher künstlerische Gründe.

Auch in dem Zeichen Brauer im Braukessel ist keine magische Abschreckung beabsichtigt, es ist die röngtenartige „Durchsicht" durch das Braufaß (s. unten).

Andere Schriftzeichen arbeiten bewußt mit diesem magischen Hintergrund der Abschreckung. Die gezeigten Bildzeichen sollen vor bösen Geistern oder vor dem Bösen Blick schützen oder geschützt werden. Das gilt für seit altersher überlieferte Königsembleme:

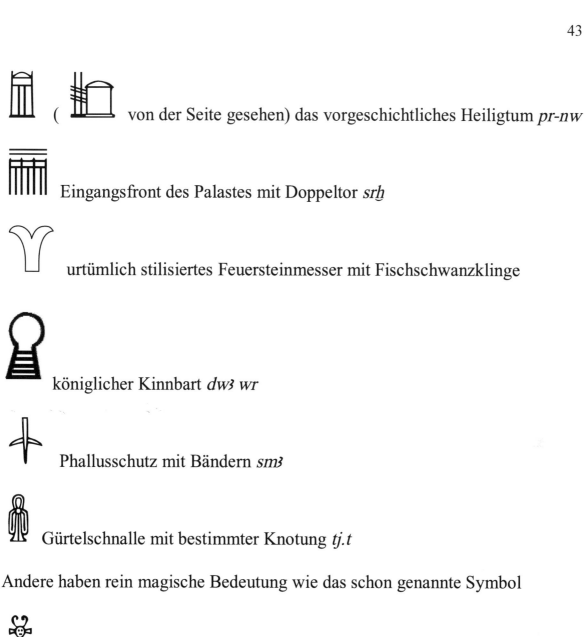

(von der Seite gesehen) das vorgeschichtliches Heiligtum *pr-nw*

Eingangsfront des Palastes mit Doppeltor *srḫ*

urtümlich stilisiertes Feuersteinmesser mit Fischschwanzklinge

königlicher Kinnbart *dw3 wr*

Phallusschutz mit Bändern *sm3*

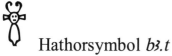 Gürtelschnalle mit bestimmter Knotung *tj.t*

Andere haben rein magische Bedeutung wie das schon genannte Symbol

Hathorsymbol *b3.t*

Gott Bes, der die Dämonen vertreibt *bs*

sich entlehren (Harn, Kot) offenbar magisch abschreckende Handlung

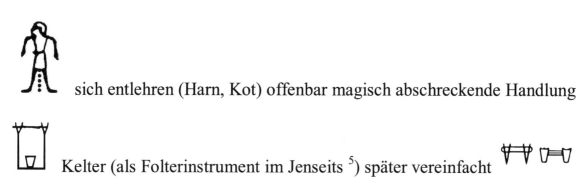

Kelter (als Folterinstrument im Jenseits [5]) später vereinfacht

---

[5] Vgl. Pyr 403 a

2. 6 Die Durchsicht

Die Durchsicht, in ein Zeichen hinein und damit von außen und innen zugleich zu betrachten, ist sehr urtümlich, denn sie beruht auf einem Gedankenbild, nicht auf den Anblick der tatsächlichen Erscheinung eines Gegenstandes. Die Bezeichnung „Röntgensicht" hat sich in der Völkerkunde für primitive Darstellungen in der Bildenden Kunst eingebürgert. Dort werden Tiere mit Konturen, zugleich aber auch mit der Innenansicht des Skelettes, der Eingeweide oder der eßbaren Organe gezeichnet haben.

Manche dieser Bildzeichen in Durchsicht sind „Schnittbilder", eine Art technischer Zeichnungen, die von der Seite betrachtet werden sollten:

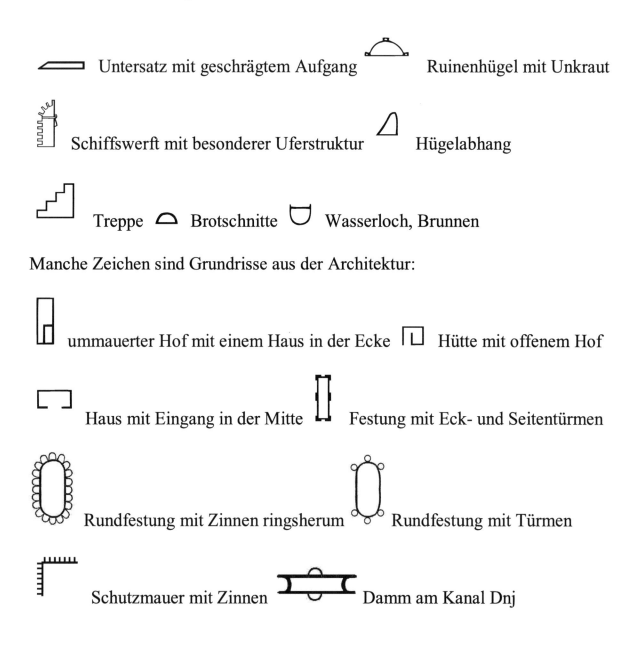

Untersatz mit geschrägtem Aufgang   Ruinenhügel mit Unkraut

Schiffswerft mit besonderer Uferstruktur   Hügelabhang

Treppe   Brotschnitte   Wasserloch, Brunnen

Manche Zeichen sind Grundrisse aus der Architektur:

ummauerter Hof mit einem Haus in der Ecke   Hütte mit offenem Hof

Haus mit Eingang in der Mitte   Festung mit Eck- und Seitentürmen

Rundfestung mit Zinnen ringsherum   Rundfestung mit Türmen

Schutzmauer mit Zinnen   Damm am Kanal Dnj

Bei einigen Bildzeichen ist die Perspektive zusammengeschoben, so daß ein gedankliches Bild, das hinter solchen Zeichen steht, auf den ersten Blick nicht entschlüsselt werden kann. Diese Art der Darstellung betrifft Körperteile, Stoffe und Gerätschaften, aber auch Bauwerke. Daneben gibt es echte „Röntgenbilder":

Körperteile:

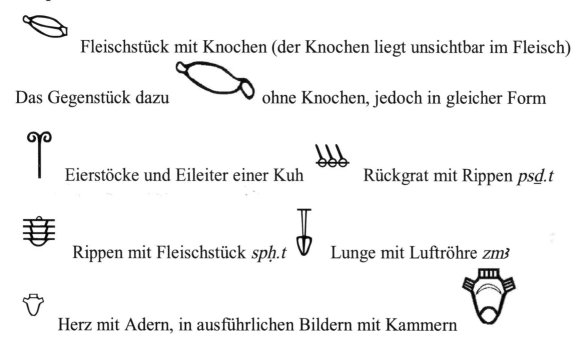

Stoffe:

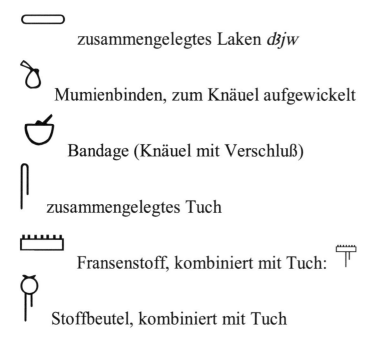

Gerätschaften:

 Mastbaum mit Mastkorb   Vorrichtung zum Holzkrümmen ʿrḳ

Bei **Bauteilen** wird die Seitenansicht gezeigt mit einem Teil der Innenausstattung.

 Schilfhütte aus Mattengeflecht mit Stützsäule zḥ

 Pfeilersaal   Reichskapelle mit Thron, davor ein Zaun

Röntgenbilder im eigentlichen Sinne zeigen die Hieroglyphen:

 Brauer in seiner Brautonne (als Querschnittskontur)

 Gott Ptah *ptḥ* in einem geschlossenen Schrein

 Gott Anti ʿntj als Falke im Schiffsleib

 Schlangengöttin in ihrer Kapelle

2.7 Die Verbindung zweier Perspektiven

2.7.1 Das Klappbild

Die Perspektiv-Verschiebung ist bei einigen Bildzeichen eigentümlich, sie ergibt ein sog. Klappbild. So wird das abweisende Vorstrecken der Arme mit ihrer Bewegung nach vorne in älterer Zeit mit nach außen gedrehten Händen dargestellt:

In klassischer Zeit werden die Arme seitwärts geklappt mit den Handflächen nach oben 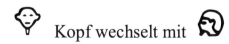 .

Ein echtes Klappbild ist auch das Zeichen des Pavillons für das Regierungsjubiläum mit seinem zwei Kiosken, die eine gewölbte Decke tragen und den zwei Thronen. Die zwei Kioske für Ober- und Unterägypten stehen nicht Rücken an Rücken, sondern nebeneinander parallel, ebenso die Throne. Die Kapellen haben auch nur ein einziges, nach vorne sich wölbendes Dach, keine wellenförmige Dachkonstruktion.

2.7.2 Der Perspektivwechsel Vorderansicht / Seitenansicht

Der Wechsel der Perspektive von vorn und von der Seite bei gleichem Gegenstand (mit unterschiedlicher Bedeutung) ist interessant. Der Schrifterfinder hat den gleichen Gegenstand unter zwei verschiedenen Ansichten betrachtet.

Kopf wechselt mit

Mund wechselt mit

Anrichtetisch dšr wechselt mit Tischplatte (von oben gesehen)

Ein Sonderfall findet sich auf der Neith-Kanope aus dem Grab des Tutanchamon.

Das Wort *jr.tj* „die beiden Reichsheiligtümer" ist dort 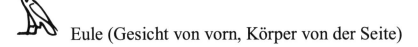 geschrieben, d.h. der gleiche Bau wird einmal in Seiten-, einmal in Vorderansicht wiedergegeben, in den sonstigen Texten werden die beiden Reichsheiligtümer speziell dargestellt: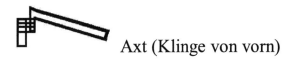

Eine Verbindung von Vorderansicht mit Seitenansicht kommt häufig vor:

 Eule (Gesicht von vorn, Körper von der Seite)

 Axt (Klinge von vorn)

Rundhütte (Tür von vorn)

Hathorkuh (Gehörn mit Sonnenscheibe und Krone von vorn)

Atefkrone (Gehörn mit Sonnenscheibe von vorn)

Ungewöhnlich und urtümlich ist das Wappen der Stadt Kusîje wo ein Mann beide Giraffen (oder Fabelwesen) bändigt und von vorn gezeigt wird. Später wurde das Schriftzeichen grafisch vereinfacht, der stehende Mann ist nun von der Seite gezeigt:

2.7.3 Die Verbindung von Seitenansicht / Aufsicht

Der perspektivische Wechsel zwischen Seitensicht und Aufsicht ist häufig. Er wird mit Vorliebe am Rand des Bildzeichens vorgenommen.

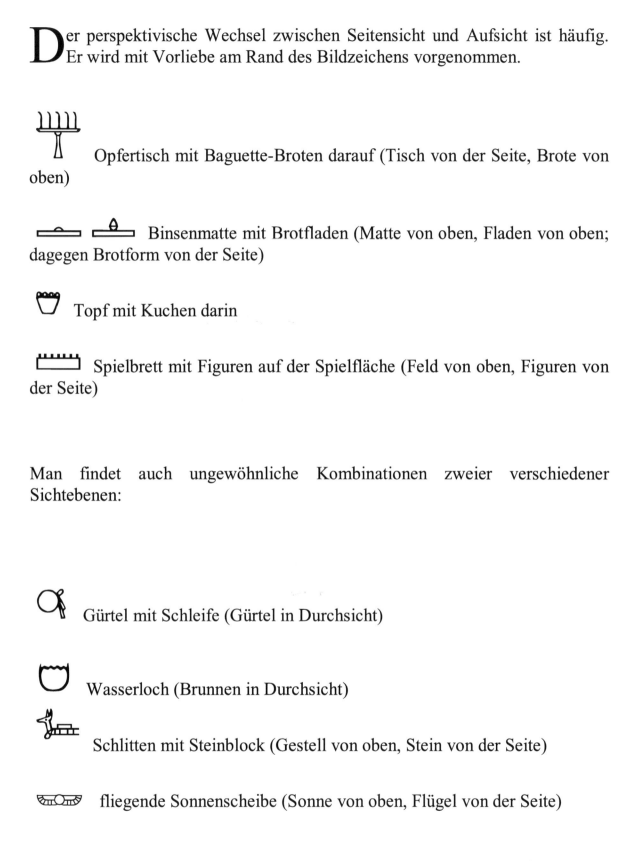

Opfertisch mit Baguette-Broten darauf (Tisch von der Seite, Brote von oben)

Binsenmatte mit Brotfladen (Matte von oben, Fladen von oben; dagegen Brotform von der Seite)

Topf mit Kuchen darin

Spielbrett mit Figuren auf der Spielfläche (Feld von oben, Figuren von der Seite)

Man findet auch ungewöhnliche Kombinationen zweier verschiedener Sichtebenen:

Gürtel mit Schleife (Gürtel in Durchsicht)

Wasserloch (Brunnen in Durchsicht)

Schlitten mit Steinblock (Gestell von oben, Stein von der Seite)

fliegende Sonnenscheibe (Sonne von oben, Flügel von der Seite)

2.8 Der Zeichenbau

2.8.1 Die Systematisierung

Bei der Entwicklung der Hieroglyphen wurden Prinzipien erarbeitet, die sich nur im Vergleich mit den Vorformen erkennen lassen, in der normierten Schrift aber nicht mehr zu deuten sind, weil ihre Normierung die feinen Unterschiede aufgehoben und die Normierung die Unterschiede abgeschliffen hat.

Es herrscht die Neigung, ägyptische Schriftzeichen symmetrisch zu gestalten, sie als lineare Entwürfe zu betrachten und möglichst ohne Binnenzeichnung zu konturieren, sie in geometrische Formen zu pressen und die Zeichen nach einem bestimmten Zahlenraster aufzubauen, das zwei, drei, vier oder fünf Glieder enthält. Diese Systematisierung wurde vor allem bei komplexen Zeichen vorgenommen. Die in ihrer natürlichen Betrachtungsweise unregelmäßig erscheinenden Gegenstände werden symmetrisch gezeichnet oder in abstrakte, gefällige Formen gebracht:

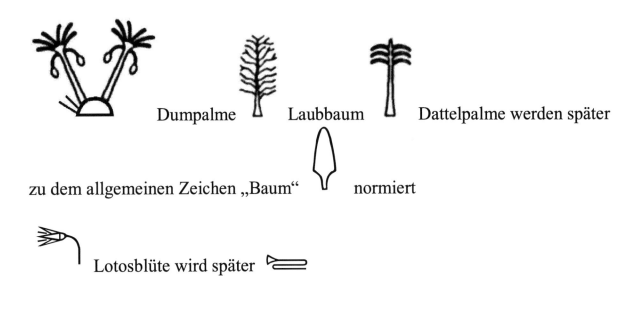

Dazu gehören auch die Bildzeichen

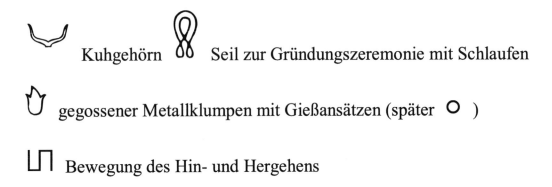

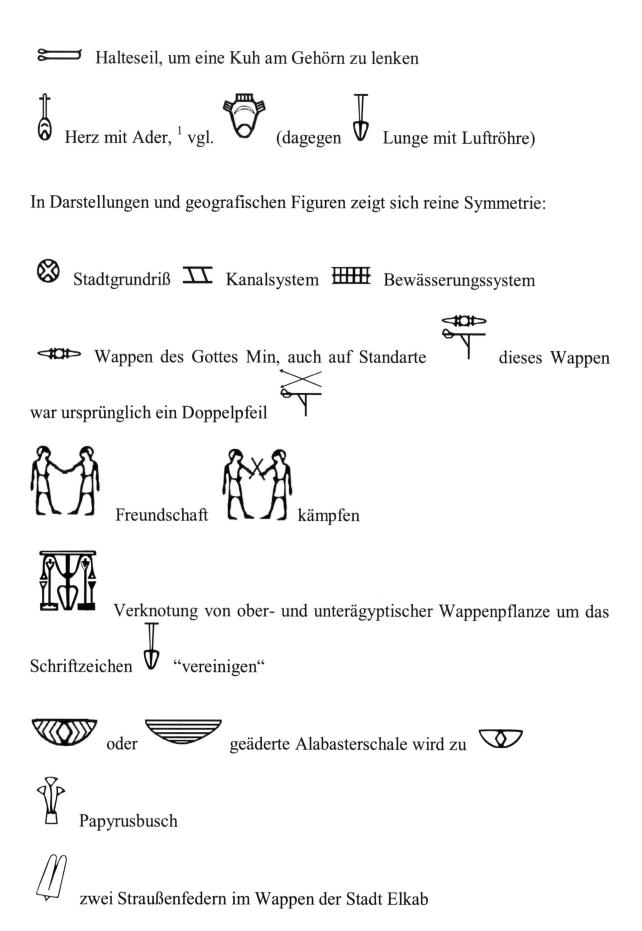

Halteseil, um eine Kuh am Gehörn zu lenken

Herz mit Ader,[1] vgl. (dagegen Lunge mit Luftröhre)

In Darstellungen und geografischen Figuren zeigt sich reine Symmetrie:

Stadtgrundriß   Kanalsystem   Bewässerungssystem

Wappen des Gottes Min, auch auf Standarte   dieses Wappen war ursprünglich ein Doppelpfeil

Freundschaft   kämpfen

Verknotung von ober- und unterägyptischer Wappenpflanze um das Schriftzeichen "vereinigen"

oder   geäderte Alabasterschale wird zu

Papyrusbusch

zwei Straußenfedern im Wappen der Stadt Elkab

---

[1] ältere Schriftlisten deuten dieses Zeichen als „Laute", Deutung nach Horapollo, Hieroglyphica 2,4

2.8.2 Die Geometrisierung

Die Geometrisierung begradigt die Zeichen, teils werden sie gelängt, teils nur vereinfacht. Die Abstrahierung bei der Schriftentwicklung geht so weit, daß man den bildlichen Ursprung mancher Zeichen gar nicht mehr ermitteln kann (bei GARDINER die größere „ungeklärte" Gruppe AA). Erst genaues Studium künstlerisch sorgfältig gestalteter Zeichen oder ein Rückgriff auf die ältesten Schriftzeugnisse erlauben zuweilen den Bildgehalt eines Zeichens zu ermitteln.

Die Schriftzeichen werden begradigt, die älteren Formen sind nur aus den Schriftzeugnissen der ersten beiden Dynastien bekannt:

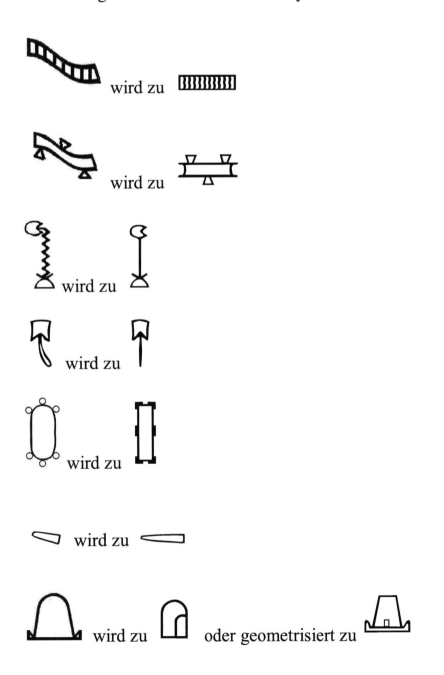

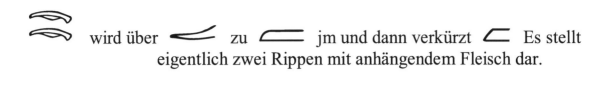 wird über ⌒ zu ⌐ jm und dann verkürzt ⌐ Es stellt eigentlich zwei Rippen mit anhängendem Fleisch dar.

Einige Schriftzeichen werden gelängt:

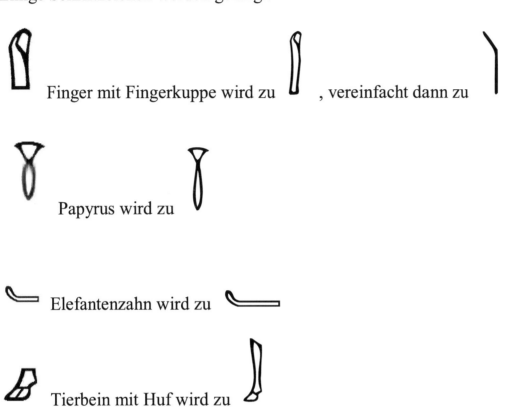

Finger mit Fingerkuppe wird zu , vereinfacht dann zu

Papyrus wird zu

Elefantenzahn wird zu

Tierbein mit Huf wird zu

Komplizierte Schriftzeichen werden vereinfacht und normiert:

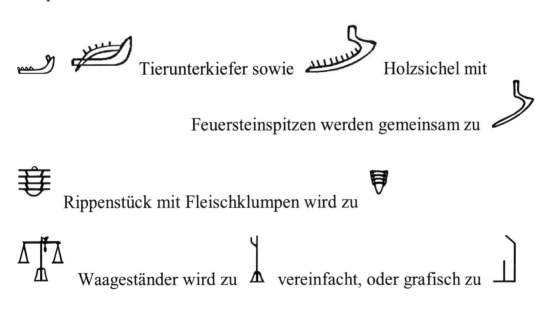

Tierunterkiefer sowie Holzsichel mit Feuersteinspitzen werden gemeinsam zu

Rippenstück mit Fleischklumpen wird zu

Waageständer wird zu vereinfacht, oder grafisch zu

⊓ hochgestreckte Arme werden zu ⊔

⌢ Mondsichel mit Schatten wird zu ⌢

Polierhammer sk̠r wird über die Zwischenform ⌐ zu ⌐

△ Brotform und △ Hügelabhang werden zu △

Schriftzeichen werden generalisiert und typisiert:

Schilfbündel mit übergestülpten Topf als Regenschutz ḫkr wird zu

Perlengehänge und Bändern zum Umlegen wird ohne Bänder

stark stilisierte Fußzehen werden zu vereinfacht

Straußenfächer wird zu ohne Federhalterung und Trägerdetail

verschieden geformte Fleischstücke werden generell zu

Bei manchen Schriftzeichen ist die ursprüngliche, unregelmäßige Vorform nicht mehr zu ermitteln; dadurch wird der Bildgehalt unklar:

Kegelbrot

Fruchtschote für *bnr* „süß"

Rippen und Ausfluß (?)　　das Gleiche mit zwei Ausflüssen (?)

2.8.3 Die Abstrahierung

Einige Schriftzeichen wurden im Laufe der Zeit sehr stark abstrahiert und in eine grafisch ausgewogene Form gebracht:

Straußenfeder　　abgeschnittener Ast　　Schote des Affenbrotbaums

Tierschlauch zum Wassertransport　　Kruguntersatz

Bündel blühender Flachs *dr*;　　Flachsbündel

geernteter Flachs *mḥ*

Wasserwelle (alt auch　　) wird normiert zu

Mast mit angebundenem Stoffwimpel als Kennzeichen eines geweihten Bezirkes, später als Hieroglyphen *nṯr* „Gott, göttlich" wird zu　　vereinfacht; dieses Zeichen ersetzt die ältere Falkenstandarte　　"Gott, göttlich", eigtl.

„der Ferne (ḫrw)" d.h. den man aus religiöser Scheu nicht in der Nähe sehen darf.

Ursprünglich verschiedene Zeichen können durch die starke grafische Vereinfachung zusammenfallen und zu einem einzigen Zeichen werden. Manche dieser Schriftzeichen kennt man nur in ihrer abstrakten Form, ihre Bildvorlagen sind – bislang – unbekannt.

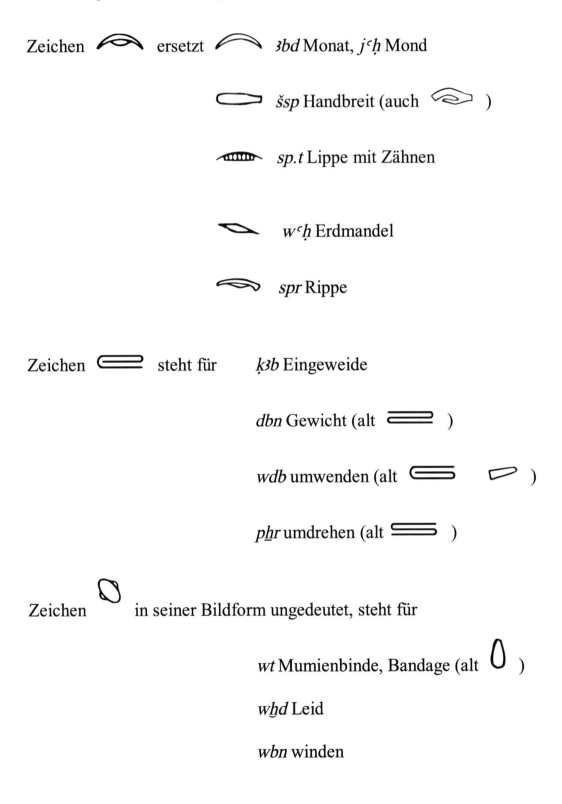

Zeichen ⌒ ersetzt ⌒ ꜣbd Monat, jʿḥ Mond

ššp Handbreit (auch ⌒)

sp.t Lippe mit Zähnen

wʿḥ Erdmandel

spr Rippe

Zeichen ⌷ steht für ḳꜣb Eingeweide

dbn Gewicht (alt ⌷)

wdb umwenden (alt ⌷ ▱)

pḫr umdrehen (alt ⌷)

Zeichen ◯ in seiner Bildform ungedeutet, steht für

wt Mumienbinde, Bandage (alt ◯)

wḫd Leid

wbn winden

šfw.t Schwellung

ḏdȝ Fett

stj Parfüm (alt ⬭)

ḫsb rechnen (alt ✖)

mȝṯ Granit (alt ⬡)

ꜥš Zedernholz (alt ⟋)

wḫȝ.t Oase (alt ⌣ wḫȝ.t Kessel)

2.8.4 Die Zahlenraster

Die Zahlenraster der Hieroglyphenbilder berücksichtigen fünf, vier, drei oder zwei Staffelungen bei dem Bau eines Zeichens. Mehr als 5 Elemente kommen in der Schrift als Zahlenraster in der Regel nicht vor.

Einzige Ausnahme hierzu ist die Welle, die **siebenfaches Raster** zeigt: ∿∿

Auch herrscht die Bestrebung, das Zeichen von der komplizierteren Staffelung in das nächst niedrige Raster zu vereinfachen, so daß in der geläufigen Schrift bald nur noch Doppel-, bestenfalls Dreier-Raster gebraucht werden. (Das Dreier-Raster war zugleich der grafische Ausdruck des Plurals, das Doppel-Raster Kennzeichen des Duals), Bemerkenswert sind die Fälle, bei denen Zeichen in mehreren Schüben vereinfacht werden.

2.8.4.1 Das Fünferraster

Das Fünferraster ist selbst in der Frühzeit selten, es kommt vor in den Zeichen:

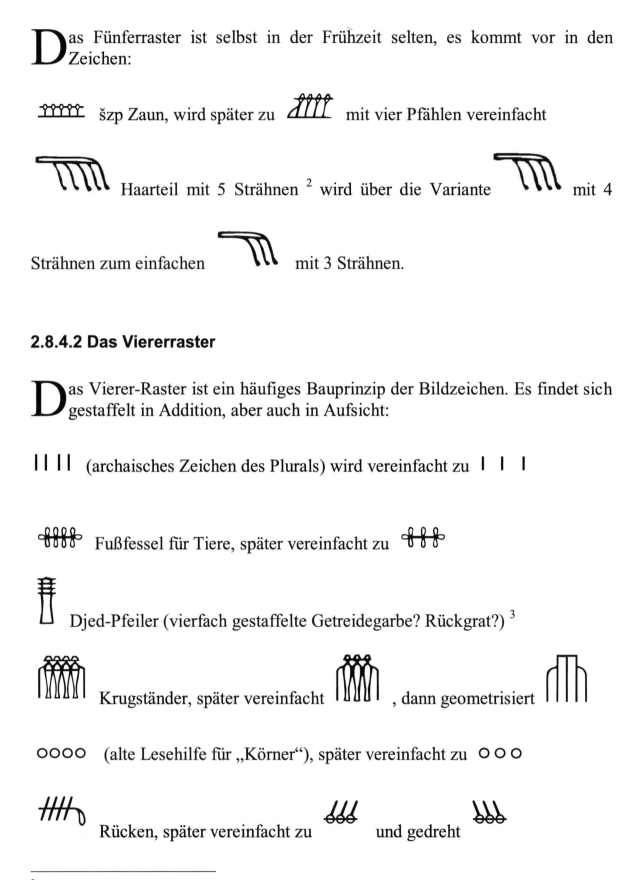

2.8.4.2 Das Viererraster

Das Vierer-Raster ist ein häufiges Bauprinzip der Bildzeichen. Es findet sich gestaffelt in Addition, aber auch in Aufsicht:

---

[2] LD II, 65
[3] die genaue bildliche Bedeutung des Djed-Pfeilers war wohl schon den Ägyptern nicht mehr bekannt

2.8.4.3 Das Dreierraster

Das Dreier-Raster kommt am häufigsten vor. Dabei findet sich entweder eine Staffelung oder eine echte Addition. Beispiele für eine solche **Staffelung** sind:

 Rinder   Seelen

Beispiele für die **Addition** sind:

 Feld mit 3 Schilfblättern und 3 Knospen

Sumpf mit 3 Lotosblüten und 2 Knospen

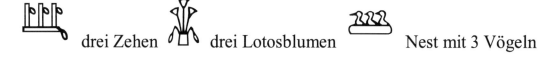 drei Zehen   drei Lotosblumen   Nest mit 3 Vögeln

 Nest mit 3 Küken   Pflanze mit 3 Blüten   drei Fuchsfelle

Schlange mit 3 Windungen   Ruinenhügel mit 3 Unkräutern

Weg mit 3 Unkrautbüscheln am Rande

Auch eine Abänderung vom Dreier-Raster zum Zweier- oder Einer-Raster findet statt:

 drei Brothälften für altes wnm „essen" wird zu   wnm „essen"

Emblem für Gott *ḫ3* Ha wird zu

(alt) Dächsel mit 3 Klingen wird zu   mit 1 Klinge

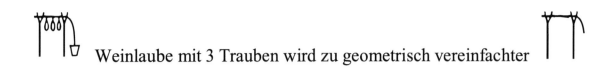
Weinlaube mit 3 Trauben wird zu geometrisch vereinfachter

2.8.4.4 Das Zweierraster

Das Zweierraster ist nicht ganz so häufig wie das Dreier-Raster, auch hier finden sich Staffelung und Addition. Beispiele für die **Staffelung** sind

Beispiele für **Addition** sind

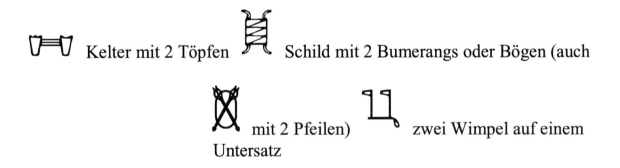

2.8.4.5 Die Rasterübergänge

Der Übergang in das jeweils niedrigere Raster ist häufig, wahrscheinlich auch durch die Bequemlichkeit des Schreibers bedingt. Außerdem ist festzustellen, daß Fünfer- und Vierer-Raster im Verlauf des Alten Reiches aussterben und daß sich die Schrift auf Dreier- und Zweier-Raster festgelegt hat. Dieser Wechsel ist schon zu Beginn der ersten Dynastie zu beobachten, wo aus dem Wappen der Stadt Hierakonpolis (einer Reihung mehrerer Schiffswerften ⌐_⌐) das Stadtwappen ΔΔΔΔ über ΔΔΔ zu ΔΔ reduziert wird. Dieses Wappen wird seinerseits mit einer Stadtmauer umschlossen und vereinfacht in einem Oval ⊂⊃ geschrieben, später noch weiter stilisiert und dem Stadtgrundriß ⊗ angepaßt als ⓙ.

Dementsprechend ist auch das Raster der vorgeschichtlichen Schiffsstandarten von mehreren Zacken auf der Standarte[4] über drei zu zwei Zacken zurückentwickelt worden.

Auch der geflochtene Zopf kennt verschiedene Stadien der Flechtung und ist von drei über zwei zu einer Windung zurückgegangen.

---
[4] Vandier, Jacques. Manuel I, 341, Abb. 213 zeigt 5 und 4 Zacken

3. Die Symbolik in den Bildzeichen

Die gewöhnlichen Hieroglyphen sind unmittelbar erkennbare Bildchen, die jeder leicht identifizieren kann. Hiervon sind die symbolischen Bildzeichen zu unterscheiden. Bei ihrer Festlegung kommt eine bestimmte Vorstellung hinzu, die grafische, gedankliche oder sprachliche Ursachen haben kann. Für „Nichtägypter" sind solche Zeichen nicht einsichtig, wenn man die ägyptischen Vorstellungen und Gegebenheiten nicht kennt.

3.1 Die Bemaßung

Es ist interessant, daß neben dem Zahlenraster bei der Schriftentwicklung auch die Bemaßung eine Rolle gespielt hat. So wird die Unterteilung der Elle im Schriftsystem verankert.

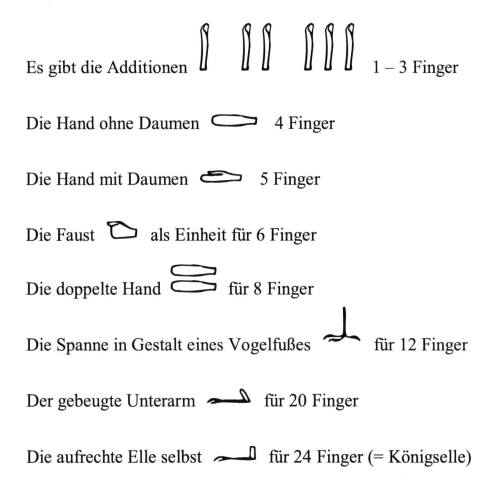

Es gibt die Additionen 1 – 3 Finger

Die Hand ohne Daumen 4 Finger

Die Hand mit Daumen 5 Finger

Die Faust als Einheit für 6 Finger

Die doppelte Hand für 8 Finger

Die Spanne in Gestalt eines Vogelfußes für 12 Finger

Der gebeugte Unterarm für 20 Finger

Die aufrechte Elle selbst für 24 Finger (= Königselle)

Auch die Scheffel-Unterteilung ist im Schriftsystem verankert. Statt einer Addition verschiedener Zeichen verwendet man ein „Explosionsbild" des Falkenauges mit Federmuster.

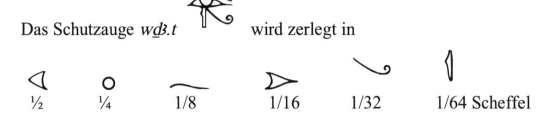

Es gibt auch Bemaßungen, die nicht so offenkundig ein System ausmachen z.B. die Harpune

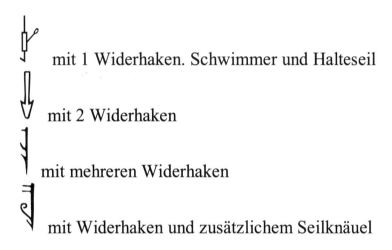

3.2 Die Bevorzugung tierischer statt menschlicher Körperteile

Eine Besonderheit der Hieroglyphen ist die offensichtliche Bevorzugung tierischer vor menschlichen Körperteilen bei der Schriftentwicklung. Diese Bevorzugung hat einen magischen Hintergrund, da menschliche Körperteile im Grab dem Toten möglicherweise Schaden zufügen könnten.

Man schreibt z.B. lieber eine Vogelkralle für Spanne, obwohl die Schrift auch das Bildzeichen für menschliche Spanne kennt.

Man schreibt lieber eine Kuhnase statt der menschlichen Nase,

ein Kuhohr für den Begriff „hören", obwohl auch das Bild für das menschliche Ohr in der Schrift vorhanden ist 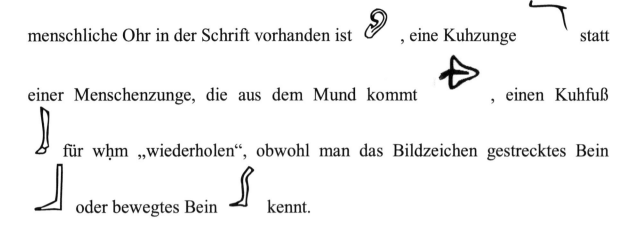, eine Kuhzunge statt einer Menschenzunge, die aus dem Mund kommt, einen Kuhfuß für wḥm „wiederholen", obwohl man das Bildzeichen gestrecktes Bein oder bewegtes Bein kennt.

Bei manchen Zeichen ist eine „menschliche Entsprechung" nicht im Schriftsystem übernommen worden. So zeigt das Falkenauge mit umgebender Federmusterung die Form, obwohl die Schrift das Bild des Menschenauges in seinen vielfachen Erscheinungsformen kennt:

.

Später haben die Künstler statt der Federzeichnung um das kreisförmige Falkenauge die Hieroglyphe mit einem Menschenauge samt Beiwerk gezeichnet.

Menschliche Körperteile vermeidet man auch für Vorderseite, Brust, für Hinterseite, Hinterteil; für den Begriff Weiblich stehen die Eierstöcke des Rindes, für Kehle, schlucken (in älterer Form).

3.3 Pars pro toto

Ein wesentliches Merkmal der Gestaltung ist die Vereinfachung oder die symbolische Darstellung komplizierterer Dinge oder schwierig zu malender bzw. zu schreibender Bildzeichen. Man schrieb lieber „pars pro toto", wenn das Schriftzeichen aus schreibtechnischen (oder auch magischen) Gründen heikel war. Sehr oft hat die abgekürzte Schreibung eines Zeichens eine andere Bedeutung als das vollständige Bild, aber nicht immer.

Statt ![goose] schreibt man die Abkürzung ![abbr], entsprechend wird ![cow1] mit ![head1] oder ![cow2] mit ![head2] und ![bird1] mit ![bird2] abgekürzt.

Aus magischen Gründen schreibt man das Bild ![figure] in alter Zeit ![legs1], später grafisch normiert und vereinfacht ![legs2].

Aus Bequemlichkeit schreibt man ![fan1] einen Fächer mit einer Feder statt des Zeichens ![fan2] Fächer mit Federkranz, als Übergang dient ![fan3] Fächer mit zwei Federn.

Meist haben aber abgekürzte Schreibungen eine andere Bedeutung und dementsprechend eine abgeänderte Lesung:

![head] *ꜣ.t* Zeitpunkt ![hippo] *ḥꜣb* Nilpferd

![oryx head] *šsꜣ* gegenüber ![giraffe] *sr*

![ram head] *šfj.t* gegenüber ![ram] *bꜣ*

![crescent star] Halbmond mit Stern *dnj.t* gegen ![moon star] Mondsichel *ꜣbd*

Für einige der pars pro toto geschriebenen Zeichen gibt es keine vollständigen Urbilder:

 ausgenommener Fisch *ḫꜣ*

 Quelloch, Höhle, Webkante

 Pelikankopf *pgꜣ*

3.4 Fixierung von Gebärden

Ein weiteres Gestaltungsproblem bei der Entwicklung der Schrift ist das Fixieren einer Gebärde. Man hat vielfältige Möglichkeiten ausprobiert, um Bewegungen oder Gebärden auszudrücken. Die auffälligste ist wohl die Schrägstellung eines Zeichens. Doch gibt es auch viele andere Darstellungsmöglichkeiten.

3.4.1 Das Doppelbild

Das Doppelbild will eine Bewegung Hin – Her ausdrücken. Solche Zeichen sind in der Schrift nicht häufig:

 ꜣkrw Doppellöwe als Umschreibung eines Erdbebens, wobei der Erdgott Akeru in der Gestalt eines Löwen den Kopf hin- und herschwenkt und damit das Erdbeben auslöst.

 ḫns sich hin- und herwenden (bei einem pendelnden Türflügel, bei ratlosen Menschen)

 pendelnde Türen als Bezeichnung für *Doppeltor*

3.4.2 Die Wiederholung

Man stellt die Gebärde auch durch eine Wiederholung einer Reihe von Elementen dar:

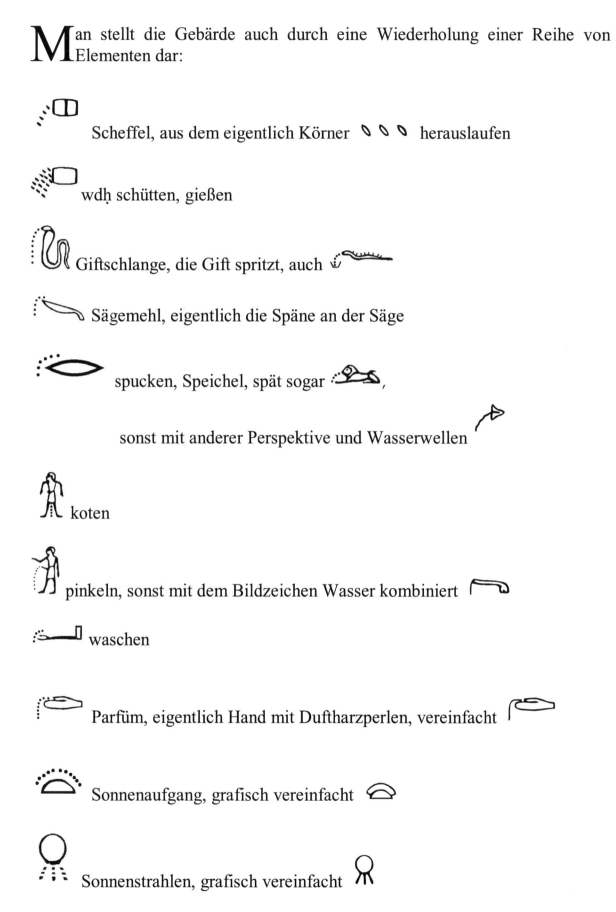

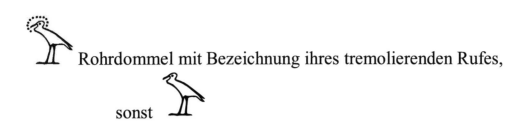 Rohrdommel mit Bezeichnung ihres tremolierenden Rufes, sonst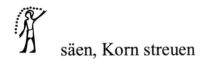

Einige Schriftzeichen haben kein "Grundzeichen":

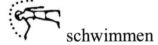 säen, Korn streuen

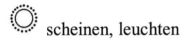 schwimmen

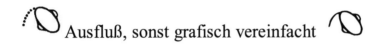 Ausfluß, sonst grafisch vereinfacht

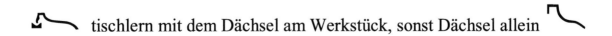 scheinen, leuchten

Kelter (dargestellt nur das Tuch, der herabtröpfelnde Wein und der Auffangtopf

3.4.3 Das Werkstück

Man stellte die Gebärde, die man ausdrücken wollte, durch das Werkzeug mit dem zu bearbeitenden Werkstück dar. Beide Zeichen enthalten auf diese Weise verschiedene Lesungen und Bedeutungen

stampfen mit der Keule im Mörser, ansonsten der Mörserstößel

tischlern mit dem Dächsel am Werkstück, sonst Dächsel allein

gründen als Hacke mit Bassin, sonst nur die Hacke

3.4.4 Die abkürzende Grafik

Man erfaßte die charakteristische Bewegung durch die Abkürzung des jeweiligen Schriftzeichens.

 kämpfen mit Schild und Axt, nur Oberarme, statt des Soldaten

 (Mit Bogen und Pfeil)   (Mit Schild und Axt)

 rudern, nur Oberarme und Ruder statt des Ruderers

 laufen, nur die Beine statt des Läufers

3.4.5 Menschliche Gebärden

Andere Gebärden werden durch menschliche Körperteile dargestellt, so geben die Arme verschiedene Aktionen wieder:

Schirmen, Umarmen

Verneinen (Abwehr durch Vorstrecken der Handflächen oder Abwinken, vielleicht auch Achselzucken)  (alt) 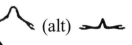 (alt)

Abzählen (hochgereckter Finger) grafisch vereinfacht

Erschrecken (hochgerissene Arme) ⊔ Totengeist, 🧍 hoch,

🧎 Million

Schützen 🗿 Göttin, die sich über jemanden beugt, zugleich Darstellung der Himmelsgöttin Nut

3.4.6 Tierische Gebärden

Auch die Gebärden der Tiere werden genau beobachtet und entsprechend dargestellt:

🐂 Stier in Ruhe 🐂 im Angriff

🦆 Vogel in Ruhe 🦅 in Kauerstellung 🕊 im Flug

🦢 im Niederschweben 🦅 beim Schützen

🦅 im Aufflattern 🐦 beim Finden 🦅 beim Fressen

🐟 beim Fischen

🐄 Kuh in Ruhe 🐄 Kuh, sich um das Kälbchen kümmernd

🦊 Schakal in Ruhe 🦊 Schakal sich sichernd umblickend

3.4.7 Abstrahierende Gebärden

Manche Gebärden sind völlig abstrakt und grafisch vereinheitlicht, so daß man kein Bildzeichen mehr dahinter erkennen kann, z.B.

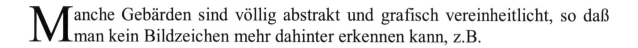 sich hin- und herwinden, sich bewegen, eigentlich eine Straße, ein Flußlauf, ein Zickzackmuster?

✗ teilen, ursprünglich wohl die zwei sich überkreuzenden Holzstäbe ✖

3.5 Die Metapher

Das Prinzip der Metapher ist nicht so häufig in der Schriftentwicklung verwendet worden, weil man nach anderen Möglichkeiten suchte, um komplizierte Sachverhalte auszudrücken. Hier stehen die ägyptischen Hieroglyphen im Widerspruch zur chinesischen Schrift, die dieses Prinzip der Metaphernbildung bis ins schier Uferlose anwendet. Da die ägyptische Schrift aber schon bei der Schriftentwicklung die Möglichkeiten der Dreier- und Zweierzeichen besaß und ein Alphabet kannte, mit deren Hilfe man abstrakte Begriffe ausdrücken konnte, gehören die Metaphern bei den Hieroglyphen zum urtümlichsten und ältesten Zeichenbestand. Sie sind für unser heutiges Verständnis nicht immer leicht zu durchschauen. Man verwendet z.B.

 Flamingo für *rot*

 Goldperlenkette mit Bändern für *Gold*

 Granittopf für *Granit*

 Meßseil mit Schlingen für die Holzpflöcke für *vermessen, gründen*

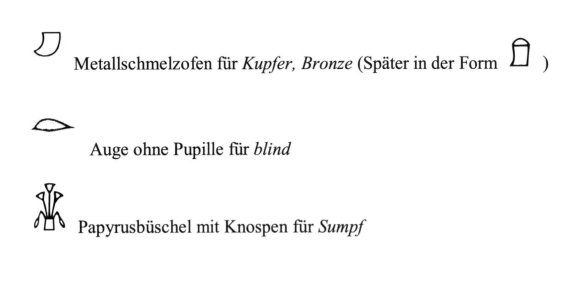 Metallschmelzofen für *Kupfer, Bronze* (Später in der Form ⬜)

 Auge ohne Pupille für *blind*

 Papyrusbüschel mit Knospen für *Sumpf*

3.6 Die Metonymie

Auch die Metonymie hat sich Gestaltungsprinzip von Hieroglyphen durchgesetzt. Auch diese Zeichen gehören zum allerältesten Schriftbestand. So stellt man das **Werkzeug statt der Tätigkeit** dar:

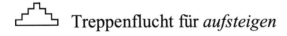

Schreibzeug für *schreiben*

Steinbohrer für *Künstler, Kunstfertigkeit, Kunst*

Treppenflucht für *aufsteigen*

Waageständer für *hochheben, tragen*

Kommandostab für *regieren, lenken, leiten*

Man stellte auch **Ursache statt Wirkung** dar:

 Perlengehänge aus grünem Edelstein für *gleißen, schimmern, funkeln*

Segel für *Luft, Wind, Atem, Sturm*, entsprechend

 südwärts (mit dem Wind) fahren, dagegen

 nordwärts fahren (mit dem Strom treiben)

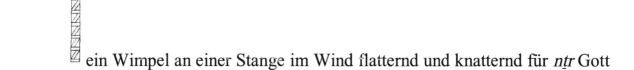 ein Wimpel an einer Stange im Wind flatternd und knatternd für *nṯr* Gott

(ursprünglich Tabuzone, heiliger Bezirk), geometrisch vereinfacht . Eine archaische Darstellung des Neith-Tempels [1] zeigt:

Der Tempelbereich mit niedriger Umfassungsmauer, davor die beiden Wimpel als Kennzeichen des Heiligtums, in der Mitte das Emblem der Kriegsgöttin Neith, rechts dahinter die Kapelle mit Runddach und einem seitlichen Eingang.

---

[1] Ausschnitt aus einem Annalentäfelchen des Königs Hor-Aha von Abydos

4. Die Zeichenänderung

4.1 Äußerliche Veränderung

Im Laufe der Zeit haben sich die Hieroglyphen stark verändert, auch der Zeichenvorrat ist im Laufe der Geschichte starken Schwankungen unterworfen gewesen. Die älteste Zeit und die ältere Epoche des Alten Reiches (1.-3. Dynastie) haben nach Ausweis der wenigen Schriftzeugnisse und der späteren Pyramidentexte sehr viele Zeichen gehabt, die im Klassischen Mittelägyptisch (etwa ab 11. Dynastie) ausgeschieden oder grafisch modifiziert wurden. Dabei spielte die kursive Schreibschrift des Hieratischen eine wesentliche Rolle, die die Bildzeichen der Hieroglyphen (vor allem im Mittleren Reich) stark mitgeformt hat. So setzen sich grafische Eigentümlichkeiten auch in der Bilderschrift der Hieroglyphen durch, die nur aus dem mehrdeutigen Schriftbild der Schreibschrift erklärbar sind.

In der Spätzeit und vor allem in der ptolemäisch-römischen Zeit explodiert der Zeichenvorrat durch grafische oder gedankliche Spielereien mit der Schrift, so daß man in diesen späten Texten von einer Normierung durch eine „Orthographie" nicht mehr sprechen kann. Die „Rechtschreibung" ist im vergleich zur neuägyptischen Zeit so schwankend geworden, daß man „wie wild" durcheinander schreiben konnte und es auch tat: extrem altertümlich und gesucht, klassisch oder vermeintliche klassische Orthographie und modernistische Schreibweisen stehen in manchen Texten bunt durcheinander.

4.1.1 Die Generalisierung

Man normierte die Schrift, dabei findet eine Generalisierung statt, d.h. statt vielerlei Zeichenformen ist nur noch ein einzige gestattet:

⌒ Brot für unterschiedliche Brotformen

⬭ Weißbrot für unterschiedliche Brotlaibe

🏺 Krug für unterschiedliche Töpfe

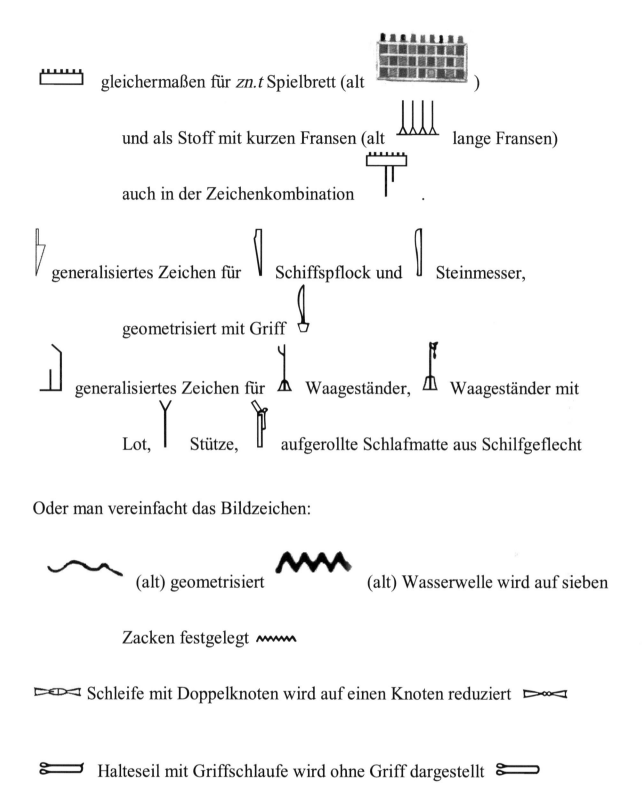

4.1.2 Die Verdrehung

Aus nicht immer leicht erklärbaren Gründen findet eine Verdrehung der Bildzeichen statt, wobei die „Normalstellung" als Ausgangsform im Schriftgebrauch manchmal völlig verschwunden ist.

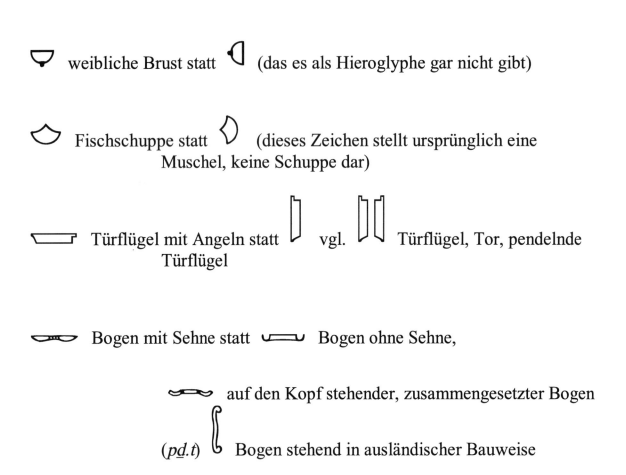

4.1.3 Die Verkürzung

Die Verkürzung von Hieroglyphen ist vor allem in religiösen Texten anzutreffen, sie hat einen magischen Hintergrund, denn die Darstellung von Menschen oder gefährlichen, feindlichen Tieren, auch von Götteremblemen oder Waffen, könnten dem Toten im Jenseits schaden. So wählte man lieber die Verkürzung bei menschlichen Gebärden und Tätigkeiten und schrieb:

 *sr* Minister

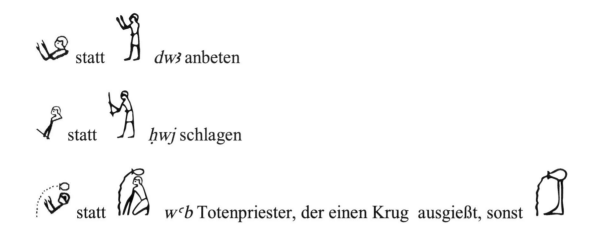

4.1.4 Die Verstümmelung

Zu der Gruppe der aus magischen Gründen veränderten Schriftzeichen gehört die Verstümmelung von gefährlichen Zeichen, sofern die Texte dem Toten möglichst direkt erreichten und ganz nahe standen (z.B. in Texten auf der Innenseite der Särge). Auch in Grabinschriften kommt zuweilen diese Praxis vor; verstümmelt wird meist durch einen Meißelhieb über dem Hals des gefährlichen Tieres, um es symbolisch zu töten, oder durch deutliches „Köpfen":

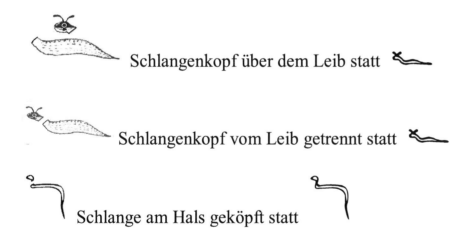

4.1.5 Die grafische Vereinfachung

Die Verkürzung einer Hieroglyphe kann auch durch grafische Vereinfachung geschehen, wenn die Binnenzeichnung übergangen wird oder pars pro toto nur der Gegenstand statt der Handlung berücksichtigt ist.

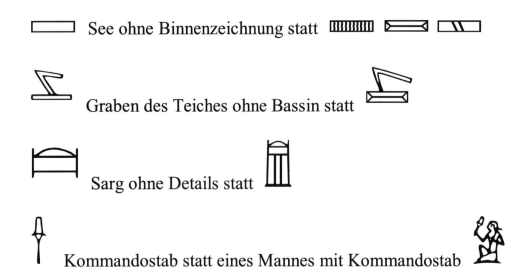

4.1.6 Die Schreibschrift

Der Einfluß der hieratischen Schreibschrift auf die bildhaften Hieroglyphen ist im Alten Reich noch nicht besonders groß. Dennoch stand Hieratisch tatsächlich gleichberechtigt neben der Denkmalsschrift, da die Schreibschrift zugleich mit ihr entwickelt wurde und mit der Schriftentwicklung zusammen konzipiert wurde. Tintenaufschriften und beschriftete Krugscherben der frühesten Dynastien 1 + 0 zeigen die Existenz einer flüssigen Handschrift, die die Zeichen auf das Wesentliche reduziert.

Dabei spielte der Schriftträger eine wichtige Rolle. Erst unter König DEN (UDIMU) in der Mitte der 1. Dynastie ist das Schriftzeichen ⬭ für Papyrus belegt, demnach muß die Erfindung der Papyrusrolle kurz vor seiner Regierungszeit stattgefunden haben. Die vorher verwendeten Schriftmaterialien waren wahrscheinlich Baumblätter oder Palmblätter. Das zeigen gewisse Darstellungen bei der Krönungsfeierlichkeit.

Der Einfluß der Schreibschrift auf die Hieroglyphen wurde stärker, als man von der Schreibschrift in die sog. Totenbuchkursive überwechselte, mit der die Sargtexte und später das Totenbuch geschrieben wurden. Entsprechend haben sich Zeichenformen aus der verkürzenden Schreibschrift auch in Hieroglyphen eingeschlichen, teils durch Kombination aus der Schreibschrift, teils durch grafische Vereinfachungen. Es sind Sonderformen, die es in der bildhaltigen Hieroglyphenschrift nicht gab.

Ein Element der Schreibschrift ist die Beifügung von zwei Strichlein:

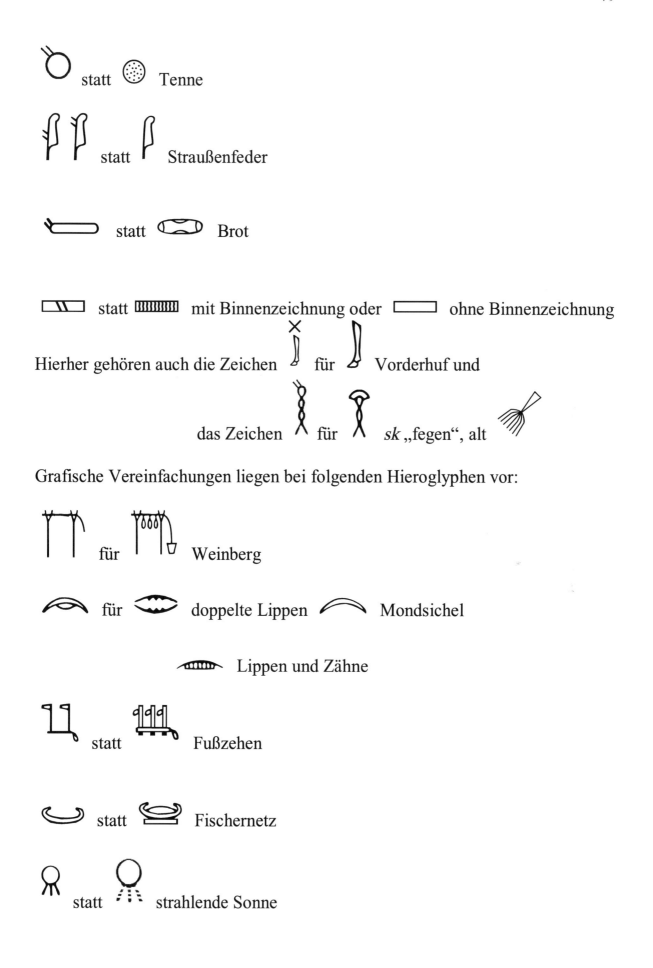

Es gibt Sonderformen, die von den Grundzeichen der Schreibschrift abgewandelt wurden und durch die grafische Vereinfachung als Bild nicht mehr erkennbar sind, so

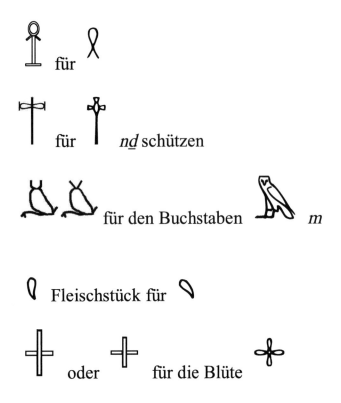

Oder es sind eigene Zeichen, die aus der Schreibschrift direkt übernommen wurden und grafisch aufbereitet sind, so z.B.

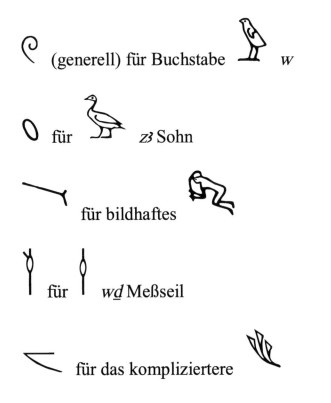

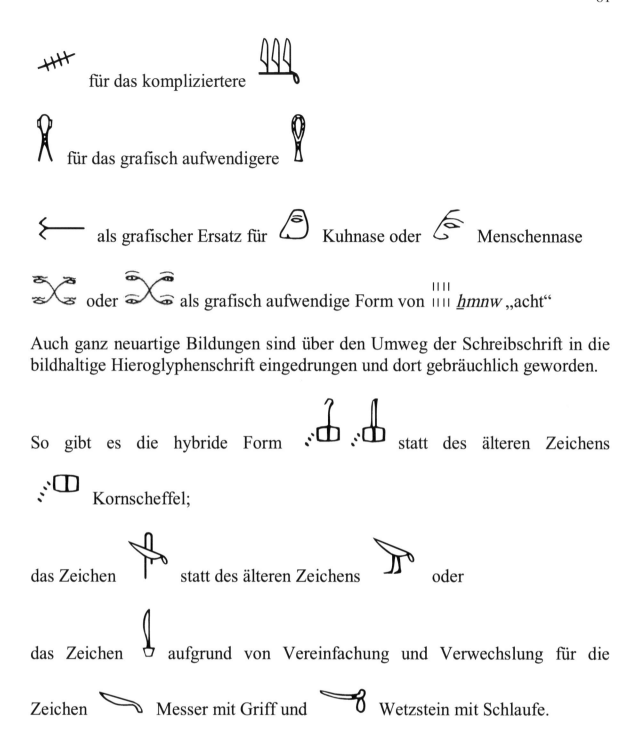

Auch ganz neuartige Bildungen sind über den Umweg der Schreibschrift in die bildhaltige Hieroglyphenschrift eingedrungen und dort gebräuchlich geworden.

4.1.7 Die Verengung

Zu den äußerlichen Veränderungen der Schriftzeichen gehören zwei wesentliche Merkmale der Schriftnormierung. Im fortwährenden Gebrauch findet eine Veränderung der Zeichen statt, man staucht sie seitlich oder drückt sie nieder, oder – ganz im Gegenteil – man verlängert sie künstlich und reckt sie in die Höhe. Mit diesen Änderungen geht der bildliche Ursprung eines Zeichens verloren. Es kommt auch vor, daß man ältere Schriftzeichen abstößt und aus dem Vorrat aussondert, weil die dargestellten Gegenstände veraltet sind und in dieser Form seit langem nicht mehr existieren.

Die Normierung der Zeichen zeigt mit zunehmendem Gebrauch den Trend zur Verengung:

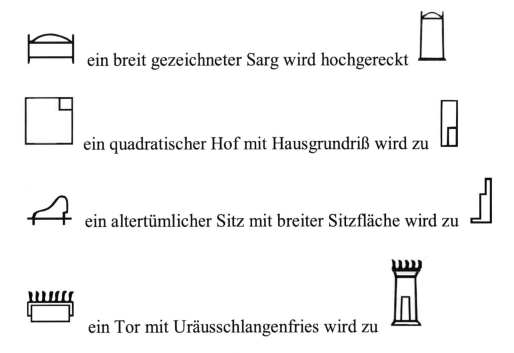

Bei manchen Zeichen ist die breitere, ursprünglichere Vorform im Fundus der Hieroglyphen nicht mehr vorhanden:

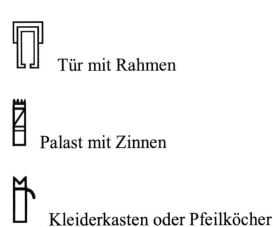

Die Aussonderungen von Schriftzeichen wegen ihrer Veraltung findet sich hauptsächlich bei Waffen und Geräten, meist ist damit auch eine veränderte Lesung des Bildzeichens verbunden. In der folgenden Übersicht sind längst nicht alle Zeichen aufgeführt.

Pfeil mit breiter Spitze ⬤━━━◆ mit Doppelspitze

ohne Kielfedern ⟵ mit Kielfedern ⇐

Dolch in alter Form neu

Rasiermesser in alter Form neu

Metallschmelzofen in alter Form neuer ganz neu

Hacke ohne Spannseil in der Mitte mit Spannseil

Steinbohrer mit verschiedenen Konstruktionen des Griffs, des Gewichtes und des Bohrgestänges

Bogen in verschiedener Bauweise *jwnt* *stj* *pḏ.t*

Spazierstöcke *ꜥw.t* *ḫkꜣ* *ꜥrḳ*

Stoff mit langen Fransen mit kurzen Fransen seitlich

Beutel in alter Form mit eingearbeiteten Füßen neu

Messer als Feuersteinmesser ▯ mit Griff ▯ als Bronzemesser ▱ neu ▯

Axt mit Trapezklinge ▯ mit Rundklinge ▱

Kampfausrüstung mit alter Schildform und Axt ▯

mit neuer Schildform und Birnenkeule ▯

Soldaten mit Pfeil und Bogen ▯ mit Rundschild und Speer ▯

Manche Formen sind nur in den Anfängen der Schrift belegt und werden sehr bald unkenntlich, so daß einige solcher Bildzeichen heute nicht mehr deutbar sin. Sie wurden auch schon von den alten Ägyptern im Laufe der Zeit nicht mehr verstanden oder uminterpretiert.

Der Doppelpfeil auf der Standarte, das Emblem des Gottes Min, ▯ oder der Doppelpfeil ▱ wird später zum Wappen ▱, das unerklärbar ist.

Daß tatsächlich ein Doppelpfeil gemeint ist, zeigt das uralte Emblem ▯ des Gottes auf einer frühgeschichtlichen Plastik.

Das Marschgepäck eines Leibwächters mit Tragestock ▯ verschnürtem Bündel ▯ und Messer ▱ ist zum Schriftzeichen ▯ *folgen, Gefolgsmann* geworden.

Das Marschgepäck eines Beduinen mit zwei Bogen in einem verschnürten Bündel ist das Wappen der Göttin Neith ▯. Später wird dieses Zeichen als gekreuzte Pfeile über einem Schild interpretiert [Zeichen] noch später grafisch vereinfacht zu [Zeichen].

In der Frühzeit der 1. Dynastie gibt es einen Unterschied zwischen einem aufrecht stehenden Falken [Zeichen] und einem geduckt kauernden [Zeichen] und einem mumifizierten Falken [Zeichen]. In der Schrift existiert er kaum mehr, man hat dafür eine Falkenmumie mit Geißel als Ersatz gewählt [Zeichen].

Auch die Vorformen des Bildzeichens für Totenopfer sind ausgestorben. Ursprünglich handelt es sich um eine Schilfmatte mit Fladenbrot [Zeichen], dann kam die reichere Variante mit Fladenbrot und Topfbrot auf [Zeichen]. Schließlich wird das Zeichen nur mit Schilfmatte und Topfbrot normiert [Zeichen]. Sonderformen stellen Bier und Wein dazu [Zeichen]. Später wird das Ensemble auf einen Tisch gestellt [Zeichen].

Manche urtümlichen Zeichen sind in ihrem Bildgehalt rätselhaft, sogar den Ägyptern selbst im Laufe der Zeit ein Rätsel geblieben. Die Standarte mit „Wulst" [Zeichen] an der Spitze stellt vielleicht ein Kissen dar, vergleichbar dem Kissen der Sänfte [Zeichen]. Da es aber auch auf Standarten vor den Götterfiguren steht [Zeichen], scheint es eher ein Bündel mit den Knochen oder Leichenteilen des Stammesfetisch zu sein, wie es ja auch der mumifizierte Falke andeutet [Zeichen], aber eine Gewißheit ist nicht zu bekommen.

Gleiches gilt für den uralten Fetisch des *jmj-wt*, einem auf der Stange aufgehängten Tierbalg mit Ständer, der die Form  hat.

Manchmal gibt es keine Begründung für eine Zeichenveränderung, veraltete und moderne Zeichenformen werden nebeneinander gebraucht, teils jedoch mit verschiedener Lesung.

4.1.8 Die Entartung

Manche Zeichenformen werden im Laufe der Zeiten entstellt. So ist die in später Zeit nicht mehr verstandene Hieroglyphe für Räucherung über verschiedene Stufen zu einer Tatze geworden. Ursprünglich zeigte es zwei übereinander stehende Räucherschalen mit Haltegriff, aus denen oben Rauch herauskommt . Später wird das Zeichen gedreht , im Neuen Reich zu vereinfacht, geht aber in der Spätzeit über zu und wird hochgereckt. Ein Grund für diese Entartung ist nicht erkennbar.

Manche ursprünglich unterschiedene Zeichen sind durch grafische Normierung austauschbar und zu einer einzigen Hieroglyphen geworden.

Die Birnenkeule wurde mit dem Knäuel auf einem Holzstab verwechselt , dieses Zeichen ist auch mit dem aufgehenden Knäuel gezeichnet . Alle diese Zeichen sind später zu normiert worden.

4.2 Innere Änderung des Einzelzeichens

4.2.1 Ausbau des Zeichens

Für die innerliche Änderung eines Zeichens gibt es zwei Aspekte. Im Vergleich zu dem ursprünglichen Bild stellt man bei der Normierung eine Weiterentwicklung und einen Ausbau des Zeichens fest. Man kann sozusagen eine Hieroglyphe aus den einfacheren Vorformen ableiten.

△ Hügelabhang   ⌣ Berg (2 Hügel)   ⌣⌣ Bergland, Wüste (3 Hügel)

Nase (*niesen*)   Nase mit Auge   mit Stirn   Kalbsnase

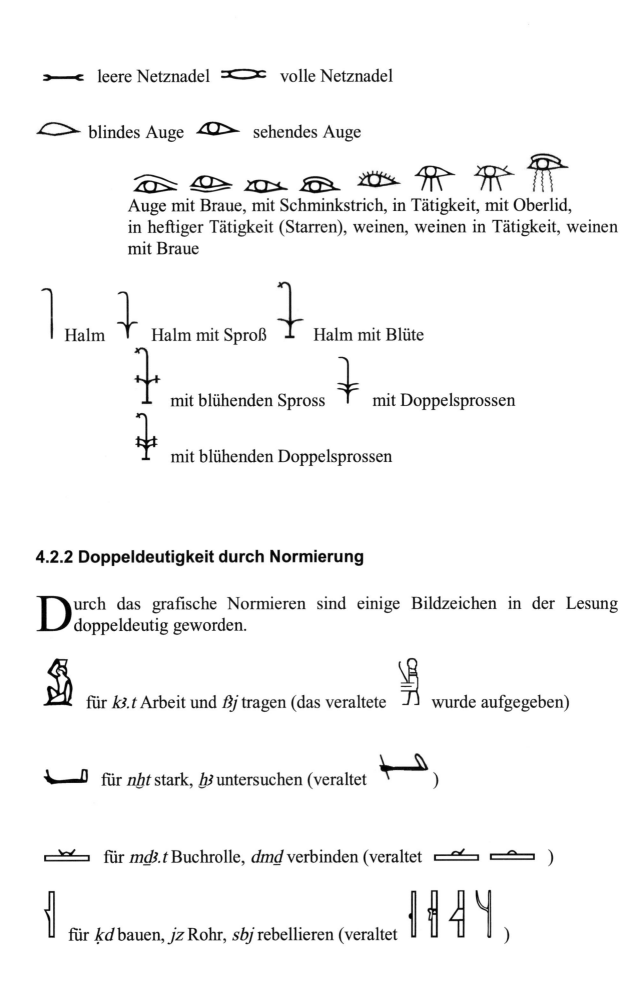

leere Netznadel   volle Netznadel

blindes Auge   sehendes Auge

Auge mit Braue, mit Schminkstrich, in Tätigkeit, mit Oberlid, in heftiger Tätigkeit (Starren), weinen, weinen in Tätigkeit, weinen mit Braue

Halm   Halm mit Sproß   Halm mit Blüte

mit blühenden Spross   mit Doppelsprossen

mit blühenden Doppelsprossen

4.2.2 Doppeldeutigkeit durch Normierung

Durch das grafische Normieren sind einige Bildzeichen in der Lesung doppeldeutig geworden.

für *k3.t* Arbeit und *ꜣj* tragen (das veraltete   wurde aufgegeben)

für *nḫt* stark, *ḫꜣ* untersuchen (veraltet   )

für *mḏ3.t* Buchrolle, *dmd* verbinden (veraltet   )

für *ḳd* bauen, *jz* Rohr, *sbj* rebellieren (veraltet   )

für *zj* Mann, *rmṯ* Mensch, *rḥw* Gefährte

Die doppelte Lesung verschiedener Zeichen läßt sich nicht immer schlüssig erklären. Das Schwanken in der Lesung hat nicht nur grafisch Gründe, sie kann auch sprachlich bedingt sein. Für den gleichen Begriff hat es im Ägyptischen ursprünglich zwei verschiedene Wörter gegeben, eine einheimische (hamitische) und eine fremdländische (semitisch) Entsprechung. In der Frühzeit der Schriftentwicklung waren noch beide Wörter geläufig, so daß zwei Lesungen für ein Zeichen möglich waren. Meist jedoch wurden die „semitischen" Lesungen ausgeschieden und sind selten geworden, manchmal haben sich auch die Zeichenformen dafür gewandelt.

Hierher gehört auch die Tatsache, daß das ägyptische Schriftsystem zwei semitische Laute im Alphabet nicht schreibt, das **L** (mühsam umschrieben mit ⟨Zeichen⟩) und den einfachen Stimmritzenverschluß, der schwächer ist als das Alif (⟨Zeichen⟩). Er wird zuweilen mit ⟨Zeichen⟩ angedeutet oder auch ganz unberücksichtigt gelassen.[1]

Dieses Phänomen läßt zwei Erklärungen zu. Entweder werden die einheimischen Hamiten von semitischen Eroberern überwältigt und für kurze Zeit beherrscht und danach wieder aus dem Land geworfen; oder es hat im Delta ein vom Orient her eingedrungenes Volk mit semitischem Dialekt gegeben, das in der Reichseinigungszeit besiegt und in Ägypten integriert wurde. Kämpfe mit östlichen Beduinen sind ja in der 1. Dynastie bereits auf Sinai durch Felsinschriften und auf den Annalentäfelchen belegt.

HIEROGLYPHE	ÄGYPTISCH-HAMITISCH	SEMITISCH
⟨Auge⟩	*jr.t*	ʿ*jn*, arabisch عين
⟨Ohr⟩	*msḏr* „der Ort, worauf man schläft"	*jdn*, arabisch ادن
⟨Hand⟩	*ḏr.t* „die Zupackende" vgl. *ḏr.t* „Greifvogel, Weihe"	*jd*, arabisch يد
⟨Siegel⟩	*sḏꜣ.t* „Siegel" von *ḏꜣ* „binden, kreuzen", *ḏꜣ(t)* „verewigen" (?)	*ḫtm*, arabisch ختم
⟨Kopf⟩	*tp*	*ḏꜣḏꜣ*, vgl. assyr. *gulgullu*, hebr. *gulgôlet*

---

[1] Vgl. Edel, Altägyptische Grammatik § 130, 13 f; alle dort zitierten Beispiele für Buchstabe L sind semitischen Ursprungs und aus dem Akkadischen bzw. dem Arabischen geborgt

Bei einigen Wörtern ist die semitische Abkunft nicht gesichert: ◯ wird *nw*, aber auch *jn* gelesen, das hat keine semitische Parallele.

Ungeklärt bleibt auch das Festhalten von Zeichenlesungen ausgestorbener Wörter, die bei Erfindung der Schrift und bei der Festlegung der Lautwerte noch vorhanden gewesen sind:

BILD	LESUNG (AUSGESTORBENES WORT)	GEBRÄUCHLICHES WORT
	ꜥš3	ḥnṯ3šw „Eidechse"
	wr	mn.t „Schwalbe"
	wn (eigtl. „der Eilige, der Flüchtige")	sḫꜥ.t „Hase"
	mn "etwas, das in Bewegung ist", vgl. mnmn.t „sich bewegende (Tierherde)"	zn.t „Spielbrett"

4.3 Lageänderung

In der Regel sind die Zeichen, einmal festgelegt, je nach ihrem Bildgehalt oder dem Gegenstand, den sie darstellen, in ihrer Lage eindeutig bestimmt und behalten diese Stellung auch durch die Jahrtausende bei.

4.3.1 Schrägstellung

Veränderungen der Lage sind nur bei bestimmten Aussagen statthaft, so vor allem die Schrägstellung eines Zeichens zum Ausdruck der Aktion, während den Grundstellung den Gegenstand an sich darstellt.

mit der Keule schlagen, Keule an sich (Tellerform, veraltet)

Keule an sich (Birnenform)

dirigieren, abmessen mit der Elle, schreiben, zurechtweisen, Arm an sich

greifen, fassen, winken, Hand an sich

wachsen, sprießen, Lotosblume an sich (geometrisiert)

rudern, steuern, Ruder an sich

verschnüren, binden, Schnur, Gebinde an sich

hacken, Hacke an sich

spießen, picken, eingravieren *drf* Dorn an sich

springendes Kälbchen *jb*, Kälbchen *bḥz*

Manchmal sind die Bedeutungsunterschiede nicht ganz so direkt erwiesen:

Doppelfederkrone   getragene Doppelfederkrone

Mauer   einstürzen

Papyruskelch   blühen

süße Schote   süßen

Arme in Ruhe (abwehrende/bannende Geste)   (alt) in Tätigkeit

Finger   Finger in Tätigkeit   Fingernagel (gelängt)

Fisch   Ekel (Fisch in „stinkender Tätigkeit")

(alt) Zaun   abzäunen, ausgrenzen (Zaun „in Tätigkeit")

Bein   laufen

Axt   zimmern

Messer   schneiden

Flügel   fliegen

Manchmal läßt sich die Schräglage nur mit Mühe auf eine gerade Grundform zurückführen:

⟨bild⟩ Räuchern (mit Qualm)   ⟨bild⟩ Räuchergefäß (ohne Qualm)

Oft gibt es nur grafisch bedingte, leichte Unterschiede

⟨bild⟩ aufgerolltes Tau   ⟨bild⟩ messen, mit dem Tau hantieren

⟨bild⟩ Tauschlinge   ⟨bild⟩ umschlingen (mit gerade gezogenen Tampen)

⟨bild⟩ Schlitten in Ruhe   ⟨bild⟩ Schlitten in Bewegung

⟨bild⟩ Rollsiegel in Ruhe   ⟨bild⟩ Rollsiegel in Tätigkeit

⟨bild⟩ Krokodil in Ruhe   ⟨bild⟩ zusammenraffen (Krokodil in Bewegung)

Zuweilen existiert im Schriftfundus keine gerade Grundform mehr:

⟨bild⟩ schreiben, gravieren

⟨bild⟩ schützen

⟨bild⟩ regieren (mit mks-Szepter)

⟨bild⟩ (harzendes) Nadelholz

⟨bild⟩ Totendienst (gießender Topf mit Wasserbecken)

⟨bild⟩ kehren, fegen

4.3.2 Die Teildrehung

Als weitere Lageänderung kommt in den Hieroglyphen die Teildrehung vor, die Drehung (wenn das Zeichen aus waagrechter in senkrechte Lage gestellt wird oder umgekehrt), die Wendung (d.h. die spiegelbildliche Darstellung) und die Stürzung, wenn das Zeichen auf den Kopf gestellt erscheint. Die Teildrehung ist in der ägyptischen Schrift sehr selten:

Eine Unterabteilung ist die Aufrichtung eines vertikalen Schriftzeichens:

4.3.3 Die Drehung

Die Drehung von Schriftzeichen ist häufig und weit verbreitet. Sie ist Kennzeichen eines hohen Alters oder ein Merkmal der Schriftverwilderung. In den ältesten Dokumenten finden sich häufig Drehungen aus Platzmangel. In der 1. Zwischenzeit sind Verdrehungen aus Platzgründen oder aus ästhetischen Gründen häufig und gehen Hand in Hand mit teilweise abenteuerlichen Zeichenformen.

Selten wird eine Drehung vorgenommen, weil sich auf diese Weise eine besondere Bedeutung oder eine komplizierte Lesung ausdrücken läßt. In einigen Fällen ist eine Drehung erfolgt, weil man die ursprüngliche Bedeutung des Grundzeichens nicht mehr kannte und es nur noch als grafisches Gebilde auffaßte.

In der 1. und 2. Dynastie finden sich die ältesten Beispiele für eine Drehung

[Zeichen] für [Zeichen], [Zeichen] für [Zeichen], [Zeichen] für [Zeichen], [Zeichen] für [Zeichen], [Zeichen] für [Zeichen], [Zeichen] für [Zeichen] (später [Zeichen]), [Zeichen] für [Zeichen], [Zeichen] für [Zeichen], [Zeichen] für [Zeichen], [Zeichen] Wetzstein ohne Schlaufe für [Zeichen] Wetzstein mit Schlaufe (andere Form), [Zeichen] für [Zeichen] Wasserloch, [Zeichen] statt [Zeichen]

Die Drehungen der 1. Zwischenzeit, teils abenteuerlich, wurden in die reguläre Schrift übernommen, senkrecht gestellt

[Zeichen] statt [Zeichen], [Zeichen] statt [Zeichen], [Zeichen] statt [Zeichen], [Zeichen] statt [Zeichen], [Zeichen] statt [Zeichen], [Zeichen] statt [Zeichen]

und wagrecht gestellt:

[Zeichen] statt [Zeichen] Stimme, [Zeichen] statt [Zeichen], [Zeichen] statt [Zeichen]

Eine Drehung mit veränderter Lesung des Zeichens ist selten:

⟾ ḫt aber 𖤐 ḏꜥr

↙ wꜥ aber ⎮ ḳrs (später mit mehreren Zacken ⎮ und Seil ⎮)

⎮ ḏbꜥ aber ⌒ ꜥnt, dḳr

⎮ twt aber ⌢ ḳrs

⎮ wḥm aber ⌒ ḫpš oder später ⌒

⊔ kꜣ aber ⎮ nḥb-kꜣ.w (das Anhängsel auch ⎮)

Eine Drehung aus grafischen Gründen ist selten:

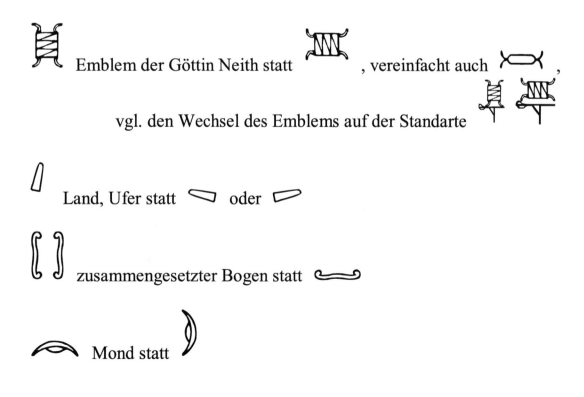

⧠ Emblem der Göttin Neith statt ⧠ , vereinfacht auch ⧠ ,

vgl. den Wechsel des Emblems auf der Standarte ⧠

⎮ Land, Ufer statt ⌒ oder ⌒

⦗⦘ zusammengesetzter Bogen statt ⌒

⌒ Mond statt ⎮

 statt

Bei manchen Drehungen ist die Ursache unbekannt, meist ist dann auch der Bildgehalt der Hieroglyphe nicht mehr klar zu ermitteln:

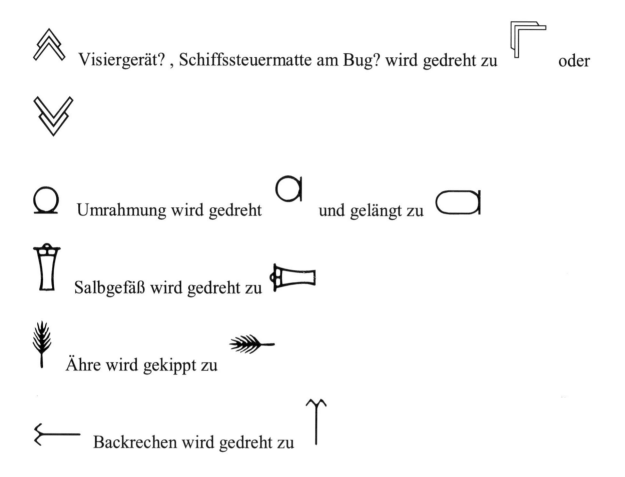

4.3.4 Die Wendung

Eine spiegelbildliche Wendung einer Hieroglyphe ist nicht so häufig wie die Drehung. Sie kann eine besondere Aussage haben, kann aber auch aus grafischen oder ästhetischen Gründen vorgenommen werden. Besonders in den spielenden Schreibungen der Spätzeit ist die Wendung häufig. Dabei werden die doppelten Körperteile bevorzugt. Es gibt aber auch Wendungen ohne ersichtlichen Grund.

Wendungen mit Bedeutungswandel kommen in der älteren Epoche häufiger vor:

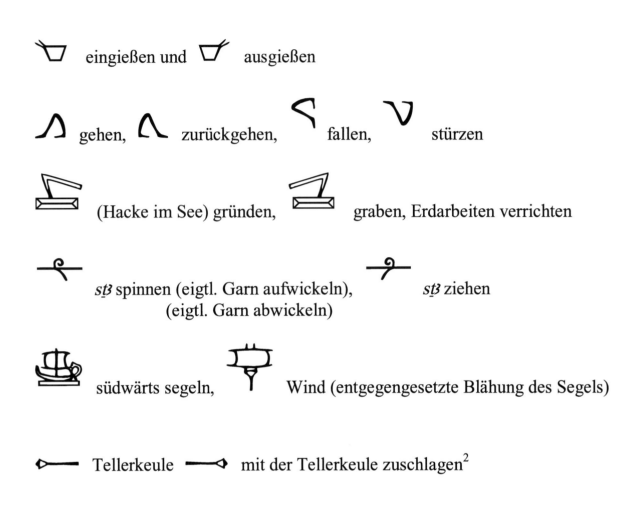

Daneben gibt es Wendungen aus grafischen oder schriftspielerischen Gründen

---

[2] vermutete Bedeutung nach Pyr 1147 d

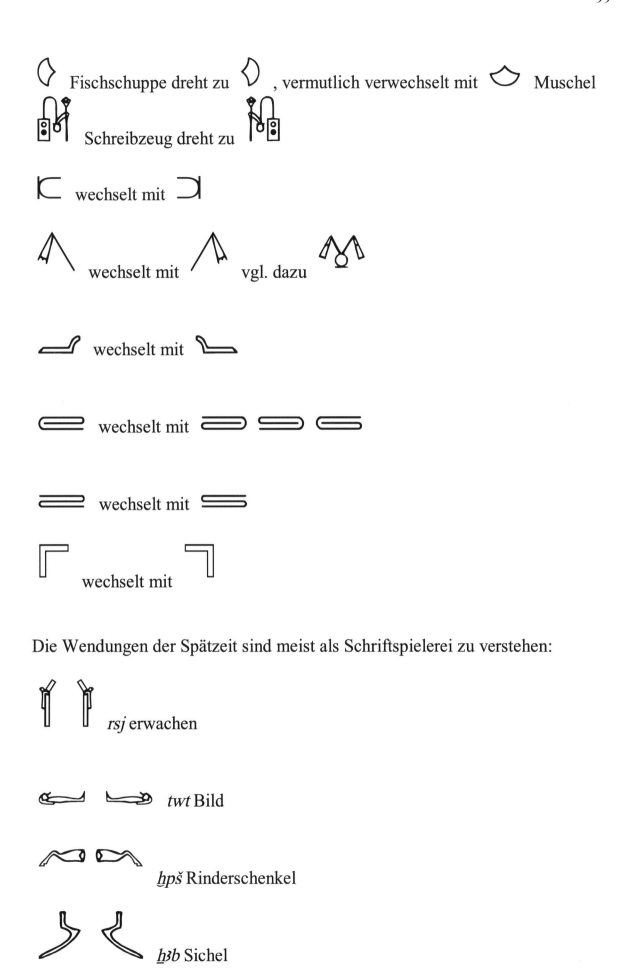

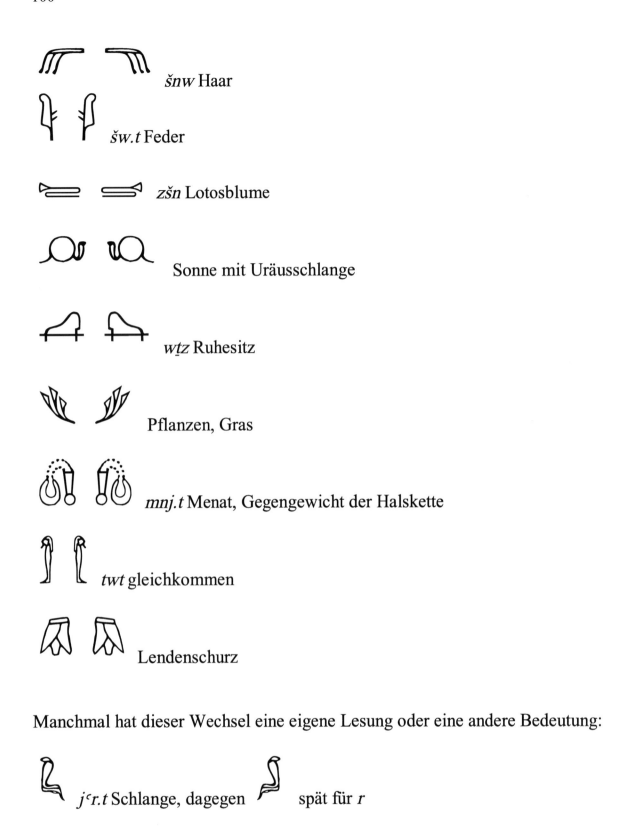

šnw Haar

šw.t Feder

zšn Lotosblume

Sonne mit Uräusschlange

wṯz Ruhesitz

Pflanzen, Gras

mnj.t Menat, Gegengewicht der Halskette

twt gleichkommen

Lendenschurz

Manchmal hat dieser Wechsel eine eigene Lesung oder eine andere Bedeutung:

jʿr.t Schlange, dagegen   spät für r

hḳз Herrscher, dagegen   ʿw.t Hirtenstab (üblicherweise:)

Der Wechsel von Schriftzeichen findet sich auch gerne in Siglen und Emblemen:

Der Wechsel von paarweisen Körperteilen wird in der späten Schrift gerne wie eine Sigle geschrieben, so:

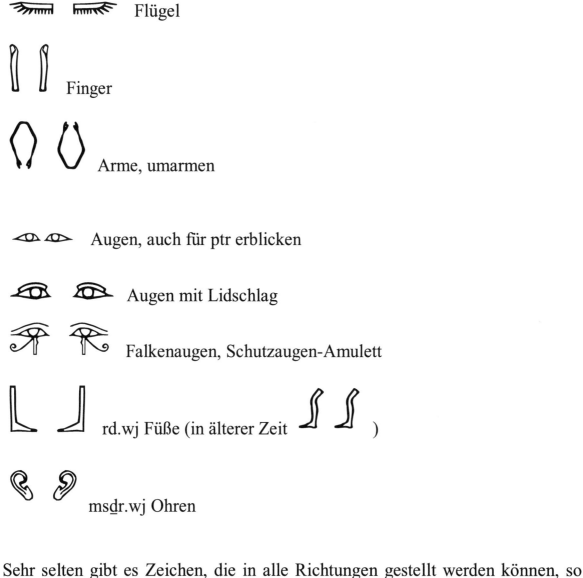

4.3.5 Die Stürzung

Die Stürzung eines Schriftzeichens ist selten, auch hat sie einen Bedeutungswandel zum Anlaß:

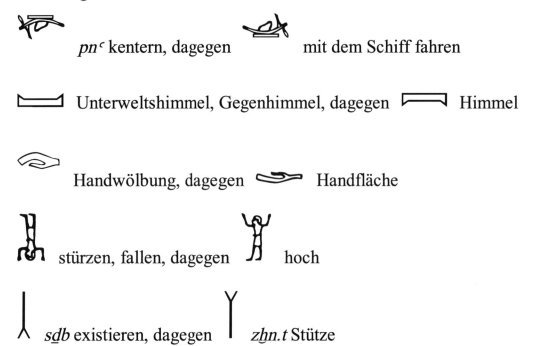

Manche Stürzungen werden für paarweise Körperteile verwendet:

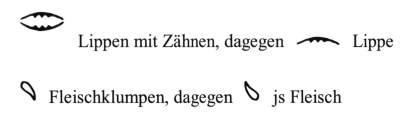

Bei einigen Stürzungen bleibt der Grund unbekannt, weil die Zeichenform sich in der Schrift grafisch verändert hat.

Das Zeichen 𓈋 *mḏw.t* Tiefe kommt nur als Kreuzung vor, das Grundzeichen „Brunnen" ∪ ist nicht belegt, wohl aber „Brunnen mit Wasserwelle" 𓈇 .

Das Zeichen ▽ Topf mit spitz zulaufendem Boden ist so nicht belegt, wohl aber die Stürzung als ḥkr Schmuck. Es ist das gleiche Zeichen, der Topf wurde über Schilfbündel primitiver Häuser zum Schutz gegen Regen gestülpt. Später dann ist er als Schilfbündel mit Knoten uminterpretiert und stilisiert zur Hieroglyphe danach auch mit Drehung .

Das flache Kuhgehörn findet sich wieder im Emblem der Schriftgöttin Seschat mit umgedrehtem Kuhgehörn:

k₃ der Ka-Geist, noch in der Sigle ḥm-k₃ „Diener des Ka-Geistes", (Bez. für Totenpriester) in der richtigen Lage, wird gestürzt zu oder , sodann durch den Einfluß des Zeichens grafisch umgeformt zur Sigle . Dieses Zeichen ist analog zu dem alten oder zḫn nw.w „der die Zurückkehrenden (=die Toten) sucht" (Bez. für Totenpriester) oder dem noch älteren zḫn – j₃ḫ.w „der die Schillernden (=die verklärten Toten) sucht" (Bez. für Totenpriester).

5. Mehrere Zeichen

5.1 Erweiterung des Einzelzeichens

Die Erweiterung eines Einzelzeichens (und damit die Vorform des Verbundes zweier Zeichen) hat verschiedene Ursachen: Teilweise sind es grafische Spielereien, teilweise werden veraltete Zeichen ausgetauscht oder neu interpretiert, oder es sind lautliche Beifügungen, die die Lesung eines Zeichens sicherstellen sollen.

Ein wichtiger Grund für die Erweiterung sind die magischen Vorstellungen von dem Möglichkeiten einer zauberischen Belebung der Bilderschrift. Man stellte sich vor, daß durch Zaubersprüche die Bildzeichen neu zum Leben erweckt werden könnten, und entsprechend „gefährliche" Zeichen hätten dem Toten schaden können.

Ein weiterer Grund für die Erweiterung sind die religiösen Bedenken der Ägypter. Sie wollten ihre heiligen Figuren, Siglen und Embleme „nicht in der Luft hängen lassen" und einfach so hinschreiben: , sondern sie in Schalen , auf Stäbe oder auf Standarten zu stellen , sie sogar mit einem vorgestellten, qualmenden Weihrauchfaß gnädig zu stimmen .

5.2 Grafische Erweiterungen

Die rein grafisch bedingten Erweiterungen sind selten:

Das Zeichen wird (über den Umweg der Schreibschrift) zu älterem erweitert, sodann gespiegelt , grafisch verändert und schließlich auf einen Stab gestellt .

Der Kiebitz wird als ängstlich flatternder (oder ein mit geknickten Flügeln gefangener) Vogel dargestellt als Hieroglyphe für *rḫj.t* Untertanen, schließlich wird das Zeichen um Arme erweitert, die um Gnade flehen und später als Sigle erweitert: *rḫj.t nb.t* alle Untertanen, alles Volk.

In diese Gruppe gehört auch das Emblem des 20. oberägyptischen Gaues, das ursprünglich *nꜥr.t* Zitterpappel war; sie wird auf magische Weise vermenschlicht und mit Händen ausgestattet, um das stetige Rascheln bei leisestem Windhauch auszudrücken . Dieser Gau wurde im Laufe der Zeiten geteilt in einen *nꜥr.t ḫntj.t* Vorderen Gau Silberpappel und einen *nꜥr.t pḥtj.t* Hinteren Gau Silberpappel.

5.3 Lautliche Erweiterungen

Die lautlichen Beifügungen dienen zur Unterscheidung gleichförmiger Hieroglyphen, die im Laufe der Zeit grafisch vereinfacht wurden und verschiedene Lesung haben.

rnp.t Jahr mit Buchstaben *p* , mit Buchstaben *r* *tr* Zeit,

mit Buchstaben *t* *tr* Zeit.

sw.t Schneidegras mit Buchstaben *t* *nj-sw.t* König,

mit Buchstaben *r* *rsj* südlich,

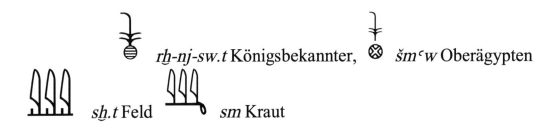

Die magisch bedingten Erweiterungen beruhen auf der eigentümlichen Vorstellung der Ägypter, die Bildzeichen ihrer Schrift könnten mit einem Zauberspruch wieder zum Leben erweckt werden. Darum bildete man schädliche Tiere in veränderter Gestalt ab oder ließ sie lieber gleich weg und ersetzt sich durch lautliche Umschreibungen:

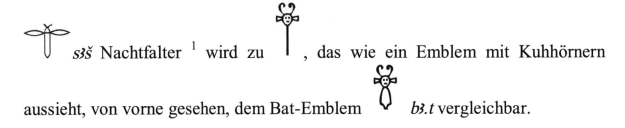

Besonders Zeichen für Menschen, Vögel, Fische und Götterzeichen werden in der alten Schrift gerne vermieden und mit lautlicher Umschreibung ausgedrückt:

---

[1] Pyr 712 a+b
[2] Pyr 560 b
[3] Pyr 278 b

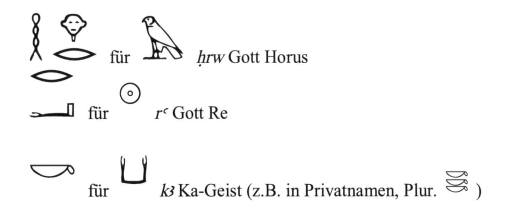

Die Erweiterungen aus Ehrfurcht vor einem heiligen Zeichen sind mit einer veränderten Lesung gekoppelt. Diese Erweiterungen sind Beifügungen wie Schutzschlange, Feder, Wedel oder Weihrauchbecken oder bestehen aus Tragelementen wie Szeptern, Standarten und Körben.

Beifügungen zu heiligen Zeichen sind:

Träger heiliger Embleme sind

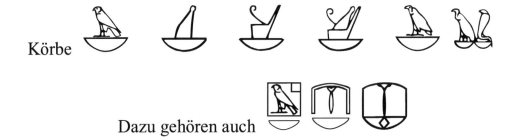

Szepter

Standarten

Manchmal verändert die Hinzufügung einer Standarte die Lesung der Hieroglyphe:

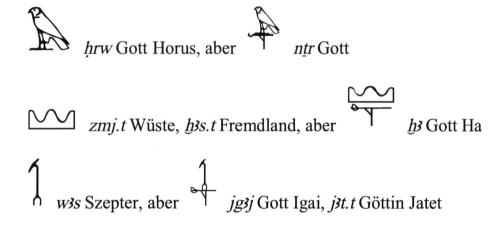

5.4 Die Staffelung eines Zeichens

Das Einzelzeichen erscheint manchmal in Staffelung, d.h. es werden die Konturen von zwei oder drei identischen Zeichen aufeinandergesetzt. Außerdem kommt eine Verdopplung oder Verdreifachung des gleichen Zeichens vor. In der Regel haben diese Doppelzeichen andere Lesungen als das Grundzeichen und gelten als Sigle. Ausnahme hierzu sind die paarig vorkommenden Körperteile.

Die Staffelung ist sehr selten **vierfach** (hier übereinander) dd der Djed-Pfeiler, ein Emblem, das aus vier Garben, an einem Stock hochgebunden besteht (?). Die genaue bildliche Quelle ist hierfür noch nicht ermittelt.

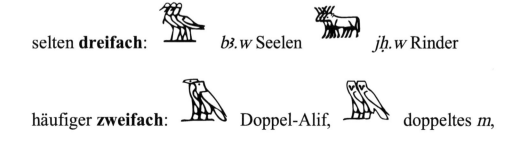

 doppeltes *w*, rḫtj Wäscher.

5.5 Die Verdoppelung

Die Verdoppelung eines Zeichens ist eine spielerische Schreibvariante:

 zwei Natronkügelchen im Waschbecken

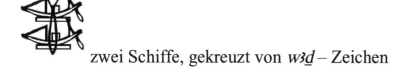 zwei Schiffe, gekreuzt von *wȝḏ* – Zeichen

~~ zwei Augenbrauen

In der Regel wird die Verdoppelung als eigene Sigle aufgefaßt und anders als das Grundzeichen gelesen:

○ alt Pupille, sehen (neuer 👁)   ○○   *jr.tj* zwei Augen, *mȝȝ* sehen

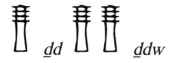

⇥ *d* (Buchstabe)   ⇥⇥ *ḏȝr.tj* die zwei Hände

🐊 *mzḥ* Krokodil   🐊🐊 *jtj* Regent

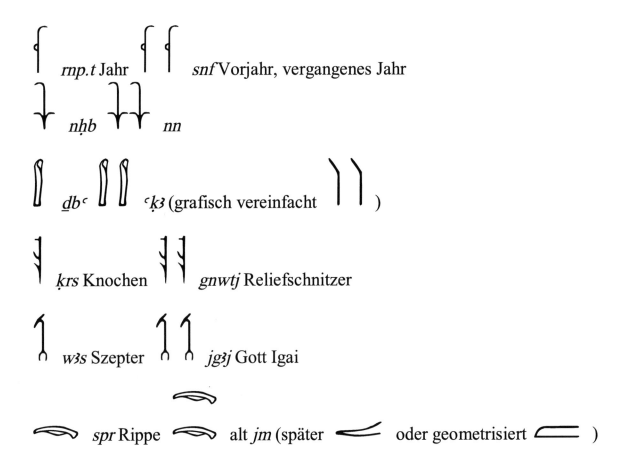

5.6 Die Verdreifachung

Die Verdreifachung ist eigentlich eine Bezeichnung für Plurale oder Kollektiva.

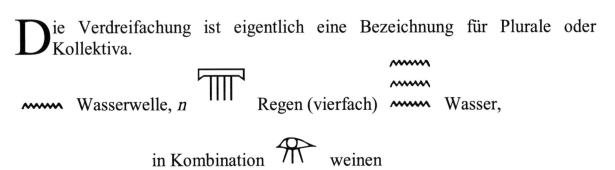

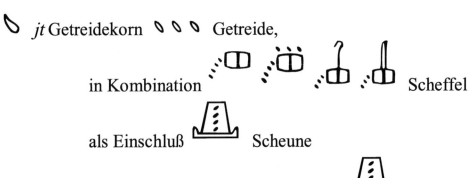

5.7 Die Addition

Die Addition stellt zwei oder drei Zeichen zusammen, meist zu einem Quadrat, und ist eine teils spielerische, teils bedeutungsverändernde Schreibung; manchmal hat die Addition auch eine veränderte Lesung gegenüber dem Grundzeichen.

Spielerische Additionen sind:

  jmn verborgen, geheim

 teilen, was Kraft erfordert

 für *ßj* tragen

 für *m33* sehen

 für *m3ᶜ* wahr, gerecht

 Fransentuch und Taschentuch für *mnḫ.t* Kleidung

 Mondsichel und Stern für *3bd* Monat

 Halbmond und Stern für *ḏnj.t* Halbmonat

 für *k3* Stier

 ḥm-k3 Totenpriester

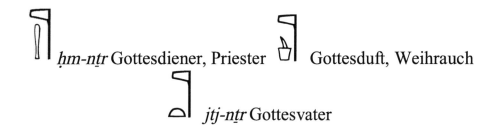 *ḥm-nṯr* Gottesdiener, Priester   Gottesduft, Weihrauch

jtj-nṯr Gottesvater

Bedeutungstragende Additionen sind

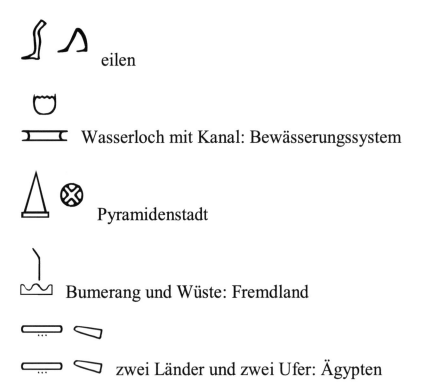
eilen

Wasserloch mit Kanal: Bewässerungssystem

Pyramidenstadt

Bumerang und Wüste: Fremdland

zwei Länder und zwei Ufer: Ägypten

Additionen können auch veränderte Lesungen haben, dabei ist auch hier die Grenze zu den spielerischen Schreibungen fließend:

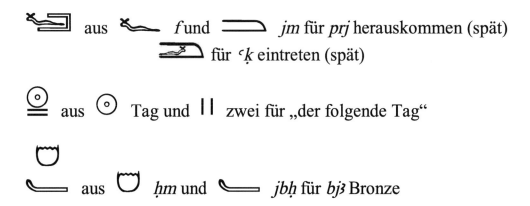
aus   *f* und   *jm* für *prj* herauskommen (spät)

für *ꜥḳ* eintreten (spät)

aus   Tag und | | zwei für „der folgende Tag"

aus   *ḥm* und   *jbḥ* für *bjꜣ* Bronze

aus ✗ ḥsb teilen und 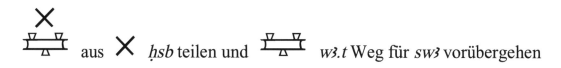 w3.t Weg für sw3 vorübergehen

 Mann, nw Wassertopf, mw Wasser, ʿb3 Opferstein
für wʿb Totenpriester

Auch Doppelzeichen werden addiert:

 ḥrw 3ḫ.tj der Gott Harachte, der Horus vom Horizont

 m33 (mit beiden Pupillen) sehen

5.8 Der Verbund

Das einfachste Mittel, um neue Zeichen zu schaffen, ist der Verbund mehrere Zeichen zu einer einzigen Hieroglyphe. Auch werden veraltete Formen mit Kombinationen „modernisiert". Solcher Verbund ist oft auch spielerisch. In der Regel werden zwei Zeichen zusammengezogen, es können jedoch auch mehrere Zeichen zu einer Sigle vereinigt werden.

Der Verbund hat mit rein lautlichen Zeichen neue Siglen geschaffen. Zu den spielerischen Verbundzeichen gehören:

 Schlachtermesser auf Schlachtblock

(als Variante Messer im Rippenstück)

 ẖrj.t-nṯr Friedhof mit der Grabstätte

und als Kombination am Bergabhang △

 Mann, der mit der Sichel  Korn schneidet für 3sḫ ernten

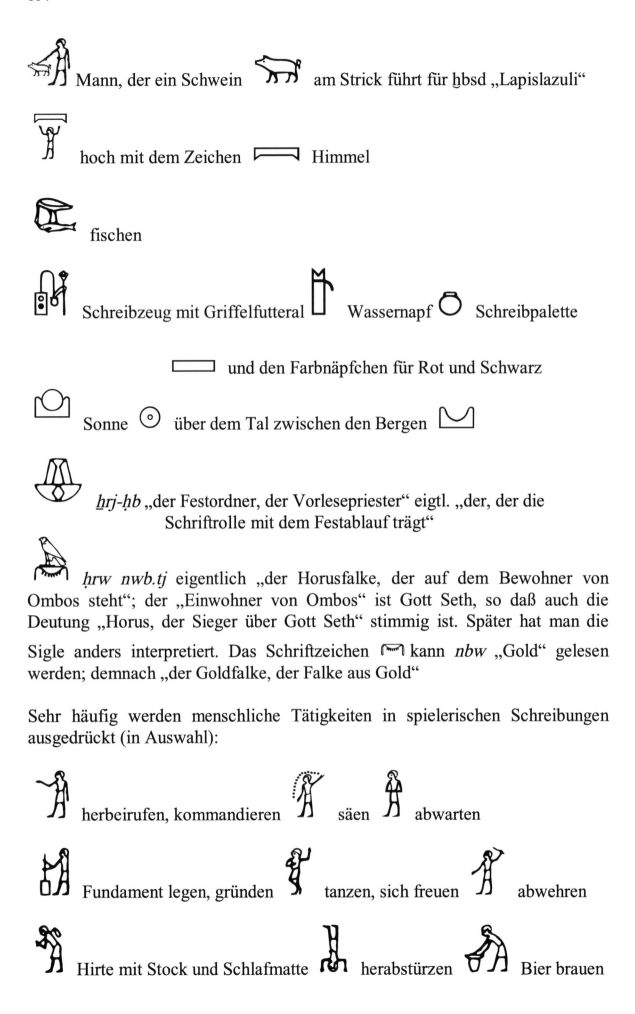

Frau    Weberin (mit Weberschiffchen, später    )

Klagefrau    gebären

Gott (allgemein)    Falkengott Horus    Ibisgott Thot

Schakalgott Anubis    Widdergott Chnum

Auch drei oder vier Zeichen werden zu einem Ensemble verbunden:

ḥḥ Ewigkeit aus    hoch    Jahr und    Zeit

wp.t-rnp.t Neujahr aus    *wp* öffnen    *rnp.t* Jahr

und    Zeit

zmꜣ-tꜣ.wj Vereinigung beider Länder aus    Wappen

für Unterägypten,    Wappen für Oberägypten,    *zmꜣ*

vereinigen und    *ṯzj* verknoten

Eine wichtige Rolle bei den Verbundformen spielen die lautlichen Elemente:

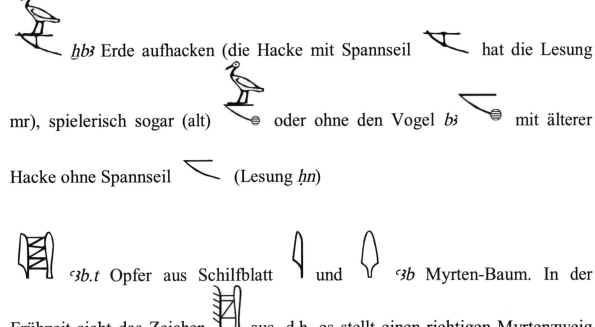

Die Bewegung des „Gehens" ist in folgenden Zeichen verankert:

Die Geste des „Darreichens" haben folgende Zeichen:

Manche Verbindungen sind eigene Siglen geworden und zu neuen Schriftzeichen mutiert:

 ḥḳ3.t Scheffel

---

[4] vgl. dazu auch die Wörter aAbj „wohlgefällig sein", eigtl. „aromatisch duften" und aAb.t „Waschkrug mit Waschwasser", in das man Myrtenblätter als aromatischen Wasserzusatz getan hat, WB I, 167, 6-10

🔲 *bd* Natron (eigtl. göttlicher Beutel)

🔲 *jꜣ.t-dj* „Stadt Dendera" als Bezeichnung eines Wappens

Einige Verbindungen sind in der klassischen Zeit nicht mehr belegt, sie sind auch in der Gestaltung der Zeichenform urtümlich. Sie kommen in der 1. und 2. Dynastie vor und erscheinen erst wieder in der ptolemäischen Zeit als archaische Relikte und liefern dazu ihren Anteil an der „Schriftverwilderung".

🔲 (sehr alt) für den Personennamen ꜥm-kꜣ als Kombination des

🔲 ꜥm Bumerangs und 🔲

🔲 (sehr alt) für den Begriff ḫrp-kꜣ „Opferer des Ka" als Variante

zu 🔲 ḫrp opfern

🔲 (sehr alt) für den Begriff šnj-kꜣ „Umkreiser des Ka" als Bezeichnung für einen ganz bestimmten Totenpriester (in historischer Zeit verloren)

Vermutlich wurden diese Verbindungen aus magischen Gründen wegen ihres Bezuges zum Ka aufgegeben.

Ungewöhnlich sind ptolemäische Schrifterfindungen

🔲 Rinderkopf mit Rinderschenkel als Lesung *bjꜣ*

🔲 (spät) für ꜥpp Apophis

Hierher gehören auch die Verbindungen, die im Tempel von Luxor als Architravinschrift Ramses' II. vorkommen. Sie sind spielerische Erfindungen mit Menschen und Emblemen.[5] Oder die plastische Ausführung vom Kind Ramses II. unter den Schutz des Falken (vgl. Abb. 15).

---

[5] LD III, 145 b und LD Text III, 78

5.9 Das Umfassen

Das grafische Prinzip des Umfassens von Zeichen ist selten, man wendet es aber nur bei Zeichen an, die unten offen sind. In Emblemen werden auch schon mal zwei oder drei Zeichen umfaßt:

Vorzugsweise in Gebäuden

Zwei Zeichen werden umfaßt

 *wsḫ.t* Breite Halle

Das Zeichen ⌒〇〇⌒ wird als Sigle für *prj.t-ḫrw* „Totenopfer" verwendet.

5.10 Der Einschluß

Der Einschluß von Zeichen durch Vergrößerung oder Verlängerung der umschließenden Hieroglyphe ist besonders bei dem Wort Hw.t „Gehöft, Tempel, Palast" sehr geläufig. Vielerlei Gottesnamen, Embleme und Personenbezeichnungen werden darin eingeschlossen (in Auswahl)

Das Prinzip des Einschlusses ist bei anderen Zeichen eher selten. Es beschränkt sich auf Bauten und Siglen, die vor allem in späterer Zeit entwickelt wurden:

 ꜥḥ ḥḏ Palast; jnb ḥḏ „weiße Mauer" als Bezeichnung für Memphis

Gebräuchliche Einschlüsse sind:

Als Besonderheit werden Königsnamen eingeschlossen

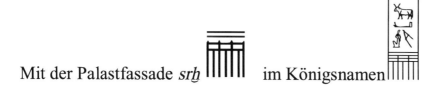

Mit der Palastfassade srḫ   im Königsnamen

Mit der Hieroglyphe ⌒ šn umschließen im Königsnamen.

Einschlüsse sind häufig genauere Gestaltungen einer Hieroglyphe. So weist das

Himmelszeichen ⊏⊐ manchmal die Sterne ★★★ als Einschlüsse auf und verändert seine Bedeutung von „Himmel" zu „Nachthimmel".

5.11 Die Kreuzung

Die Kreuzung von Zeichen wurde entwickelt, um mehrdeutige Zeichen sofort lesbar zu machen und die lautlichen Beifügungen festzulegen. Diese Methode ist aus der flüssigen Handschrift übernommen worden. Auch das platzsparende Schreiben war dabei von Belang. Aus der Kreuzung sind schließlich völlig neue Zeichen und Siglen entstanden.

Eine Kreuzung von drei oder mehr Zeichen ist selten

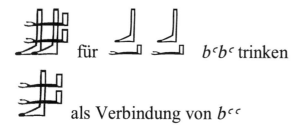

für   bꜥbꜥ trinken

als Verbindung von bꜥꜥ

Die Kreuzung von zwei Zeichen ist häufig, und zwar

Mit lautlichen Ergänzungen

Mit sachlich gebotenen Ergänzungen

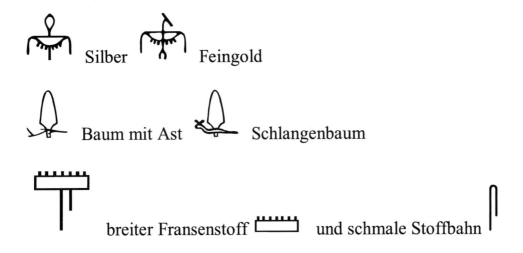

Spielerische Kreuzungen sind selten:

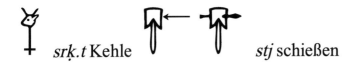

Kreuzungen sind auch nach Vorlagen der Schreibschrift übernommen:

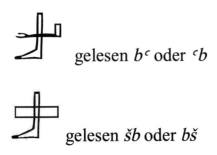

Manchmal ist es jedoch fraglich, ob das senkrechte oder das waagrechte Zeichen zuerst gelesen werden muß, darum sind die Schreibung in Kreuzung oft doppeldeutig:

gelesen b^c oder ^cb

gelesen $šb$ oder $bš$

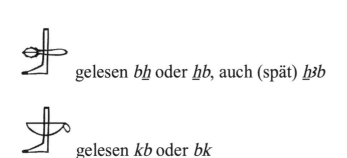 gelesen *bḫ* oder *ḫb*, auch (spät) *ḫꜣb*

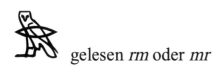 gelesen *kb* oder *bk*

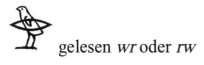 gelesen *rm* oder *mr*

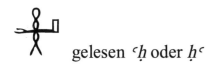 gelesen *wr* oder *rw*

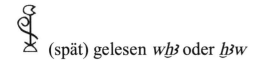 gelesen *ꜥḥ* oder *ḥꜥ*

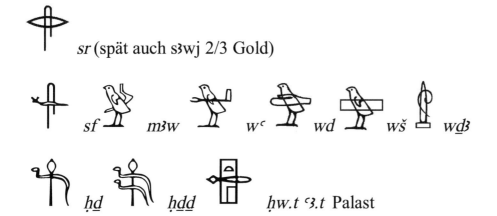 (spät) gelesen *wḫꜣ* oder *ḫꜣw*

Eindeutig festgelegte Lesungen haben die Zeichen

sr (spät auch *sꜣwj* 2/3 Gold)

sf   *mꜣw*   *wꜥ*   *wd*   *wš*   *wḏꜣ*

ḥd   *ḥdd*   *ḥw.t ꜥꜣ.t* Palast

Durch Kreuzungen sind auch neue Zeichen entstanden, teils mit Hilfe geistreicher Schriftspielerei:

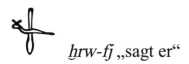 *ḫrw-fj* „sagt er"

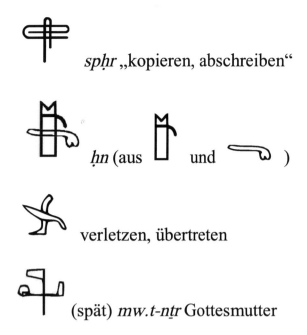

sph̲r „kopieren, abschreiben"

ḫn (aus ⬜ und ⌒)

verletzen, übertreten

(spät) *mw.t-nt̲r* Gottesmutter

5.12 Die Sonderformen

Manchmal kann man zwischen Addition, Kreuzung und Schriftspielerei nicht scharf trennen. Einige Bildzeichen werden verändert, weil ein veraltetes Zeichen umgedeutet wurde oder seines einstigen Bildgehaltes verlustig ging.

Die Addition mit Richtungsänderung ist eine reine Schriftspielerei und wird im ausgehenden Neuen Reich sehr häufig angewendet: *dwȝ rʿ* „Gott Re anbeten". Hierher gehört auch die Sitte, daß sich in Königskartuschen die Gottheiten des Namens anschauen.

Die Addition mit Verbund ist häufig, z.B. *rʿ ḥrw ȝḫ.tj* Gott Reharachte.

Auch die Kombination von Addition und Kreuzung ist häufig: *ḥw.t-ʿȝ.t* „Großes Haus" *wʿb* „rein".
Schwieriger ist die Verstümmelung zu erkennen, wenn zwei Hieroglyphen so verbunden sind, daß ein neues Zeichen entsteht:

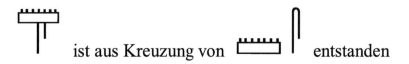

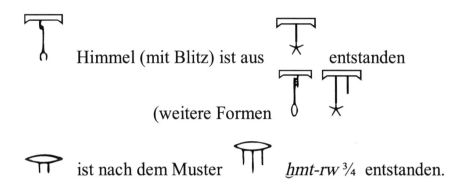

ist nach dem Muster ... ḫmt-rw ¾ entstanden.

6. Die Zeichenstellung

Wenn mehrere Zeichen in eine Zeile gestellt werden, treten aus Platzgründen oder aus ästhetischen Erwägungen Unregelmäßigkeiten auf, die im Schriftsystem selbst nicht vorgegeben sind und die einer einfachen Lesbarkeit der Schrift im Wege stehen. So gibt es das Prinzip der Umklammerung von Zeichen und Wörtern, der Umstellung von Zeichen oder Zeichengruppen und der Wortverkürzung bis zur Verstümmelung, die leicht zu Mißdeutungen und falschen Lesungen führen könnten, weil die Schrift hier nicht eindeutig ist.

6.1 Die Umklammerung

Das System der Umklammerung von Schriftzeichen, Wörtern oder Wortteilen ist aus künstlerischen Gründen entwickelt worden. Die Umklammerung wurde mit Vorliebe in der ältesten Zeit angewandt, dann aber zugunsten einer leichteren Lesbarkeit schrittweise aufgegeben.
In den ältesten Schriftzeugnissen schrieb man

wsr-k3.

Entsprechend lassen sich archaische Umklammerungen auflösen

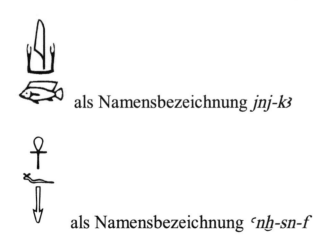

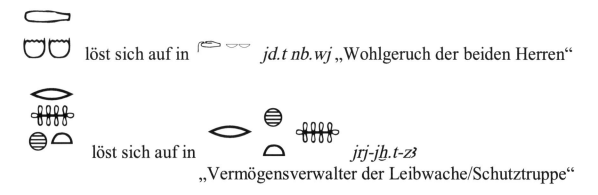

Solche Umklammerungen werden im Alten Reich nur noch selten gefunden, kommen in einigen Königsdekreten der 5. und 6. Dynastie vor. Im Mittleren Reich sind sich ganz ausgestorben.

6.2 Die Umstellung

Eine Umstellung wird aus verschiedenen Gründen vorgenommen. Der einfachste Anlaß ist eine straffe Zeilenführung und die Raumverteilung innerhalb der Zeile. Andere Zeichengruppen werden aus ornamentalen Gründen umgestellt. Diese Umstellung kann aber auch religiöse Gründe haben und aus Ehrerbietung erfolgen.

Wegen harmonischer Zeilenfüllen und aus Platzersparnis werden gestellt

- Kleine Zeichen auf die großen Zeichen

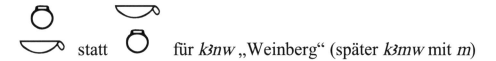

- Kleine Zeichen vor die großen Zeichen

- Schmale und hohe Zeichen vor die großen Zeichen

 statt  mit Lesung 3ḫ

● Großes Zeichen über dem kleinen Zeichen

 statt  ḫdj nordwärts fahren

Zeichen werden, wenn möglich, in ein Quadrat geordnet:

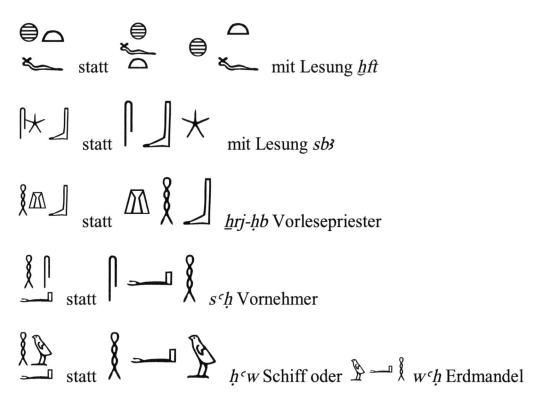 statt mit Lesung ḫft

 statt mit Lesung sb3

 statt ḫrj-ḥb Vorlesepriester

 statt sꜥḥ Vornehmer

 statt ḥꜥw Schiff oder wꜥḥ Erdmandel

Eine Umstellung aus ästhetischen Gründen liegt vor bei

 statt  mzḥ Krokodil

Eine Umstellung kann auch aus Gründen der symmetrischen Normierung erfolgen:

 statt  ḫrj rd.wj unter den beiden Füßen

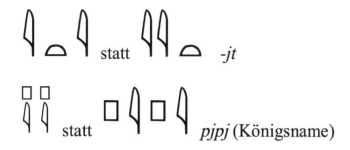 *-jt*

 *pjpj* (Königsname)

Häufige Schriftpraxis ist eine Umstellung aus Ehrerbietung, sie kann sich auf einzelne Wörter oder auch Wortgruppen beziehen:

"Schreiber des Königs"

"Kinder des Herrschers"

nḫrj (z3) ḏḥwtj (z3) k3j „Neheri, Sohn des Thotnacht, Enkel des Kai"

Auch die Umstellung aus religiösen Gründen ist beliebt. Sie betrifft Namen von Göttern und Königen und deren Wappen oder Bezeichnungen. Sogar über ganze Satzteile hinweg kann eine Umstellung vorkommen:

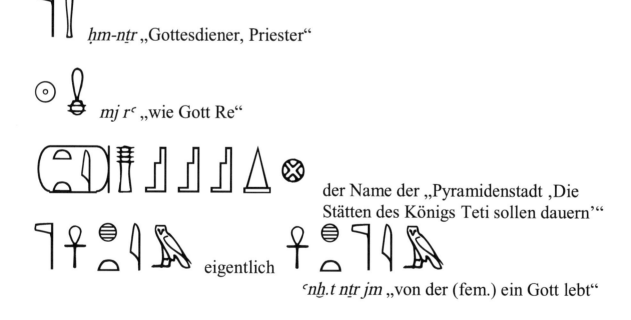

ḥm-nṯr „Gottesdiener, Priester"

mj rꜥ „wie Gott Re"

der Name der „Pyramidenstadt ‚Die Stätten des Königs Teti sollen dauern'"

eigentlich *ꜥnḫ.t nṯr jm* „von der (fem.) ein Gott lebt"

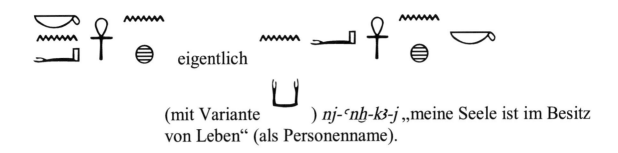

(mit Variante 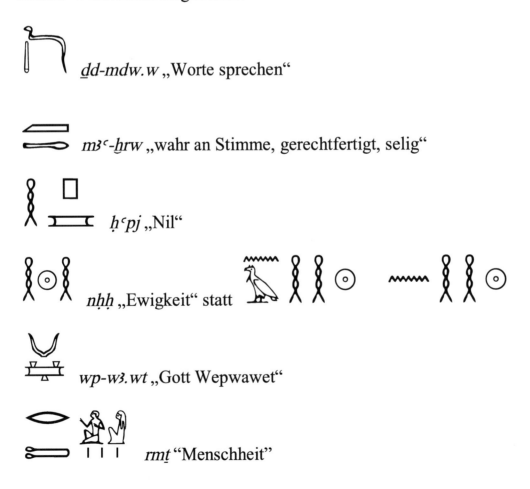) *nj-ꜥnḫ-kꜣ-j* „meine Seele ist im Besitz von Leben" (als Personenname).

6.3 Die Wortverkürzung

Die Wortverkürzung kann wegen des Platzes der Zeilenführung, wegen Raumnot am Ende einer Zeile oder aus ästhetischen Gesichtspunkten erfolgen, weil das ausgeschriebene Wort unharmonische Lücken in der Zeile verursacht. Manchmal sind diese Zeichenkombinationen regelrechte Siglen geworden, die so gut wie niemals ganz ausgeschrieben werden.

Durch die Wortverkürzung aus magischen Gründen vermeidet der Schreiber für den Toten gefährliche Zeichen, die bei magischer Wiederbelebung der Schrift schaden könnten oder ihn permanent bedrohen. Wortverkürzungen aus religiösen Gründen sind archaisch und daher in der klassischen Schrift selten. Solche Wortverkürzungen sind:

ḏd-mdw.w „Worte sprechen"

mꜣꜥ-ḫrw „wahr an Stimme, gerechtfertigt, selig"

ḥꜥpj „Nil"

nḥḥ „Ewigkeit" statt

wp-wꜣ.wt „Gott Wepwawet"

rmṯ "Menschheit"

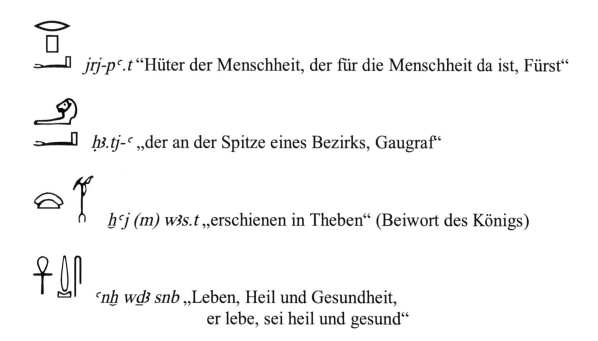

jrj-pꜥ.t "Hüter der Menschheit, der für die Menschheit da ist, Fürst"

ḥꜣ.tj-ꜥ „der an der Spitze eines Bezirks, Gaugraf"

ḫꜥj (m) wꜣs.t „erschienen in Theben" (Beiwort des Königs)

ꜥnḫ wḏꜣ snb „Leben, Heil und Gesundheit, er lebe, sei heil und gesund"

TABELLE 1 Die lautlichen Funktionen der Hieroglyphen

ZEICHEN	HIEROGLYPHE
Bildzeichen	🐂 Stier
Ideogramm	weinen
Rebus	*mr* Meißel; schlimm (Verletzungsgefahr)
Dreierzeichen	*ꜥnḫ*
Zweierzeichen	*mn*
„Alphabet"	*r*
Deutezeichen	(Tierfell) vierfüßiges Tier
Lesehilfen	
Strich	׀ fixiert Bildelemente 🐂׀ "Stier" Abkürzung komplizierter Zeichen "schlagen" für Abkürzung für Endlaut ׀ für
Schrägstrich	\ Abkürzung für komplizierte Zeichen \ für Abkürzung für gefährliche Zeichen \ für
Doppelstrich	‖ \\ Zeichen des Duals
Dreifachstrich	׀׀׀ Zeichen des Plurals unbestimmte Mengen ׀׀׀ "Sand"
Kryptogramm	
Offene Sigle	als Zeichenkombination
Verdeckte Sigle	Zunge = *jmj-rꜣ* „was im Mund ist" für „der, der im Tor (*rꜣ*) ist, Vorsteher"
Geheimschrift	für *ꜥnḫ* „Leben" (Käferart *ꜥnḫ*)
Gruppenschrift	
Wiederholung	Lesung *nn*; dagegen *nḥb*
Zusammensetzung	*jb* ○ *nw* ○ *nḥm* statt

TABELLE 2 Elemente der Hieroglyphenschrift

ELEMENTE	BEZEICHNUNG		BEDEUTUNG
Bildelement			
	Bildzeichen	☉	Sonne
	Ideogramm	𓁿	Weinen
	Rebus		Meißel; schlimm
Lautelement			
	Dreierzeichen	☥	ꜥnḫ
	Zweierzeichen		mnḫ
	Einerzeichen	⌒	r
Deutungselement			
	Deutezeichen		Vierfüßiges Tier
	Lesehilfen Strich		
	Doppelstrich	‖ \\	
	Dreifachstrich	ı ı ı	
Kryptographie			
	Offene Sigle		msw „Kind"
	Verdeckte Sigle		mw ḥr nw = m-ḫnw
	Geheimschrift		für t

TABELLE 3 Das Bildzeichen

PERSPEKTIVE			
Einfache Sicht			
	Seitenansicht		Gans
	Aufsicht		Fliege
	Untenansicht		Gänsebraten
	Vorderansicht		Oberlippe mit Zähnen
	Durchsicht		Säulenhalle
Verlagerte Sicht			
	Klappbild		Hebsed-Kapelle
	vorne/seitwärts		Eule (Gesicht/Körper)
	Seite/Aufsicht		Altar mit Baguettes
	Wechselnde Sicht		Kopf / Gesicht
Zeichenbau			
	Systematisierung	wird zu	
	Geometrisierung	(alt) wird zu	
	Abstrahierung	(alt) wird zu	
Zahlenraster	Fünffach	(alt) wird zu	Haar
	Vierfach	(alt) wird zu	Krugständer
	Dreifach		Schilffeld aus
	Zweifach		Weinkrüge
	Rasterwechsel	oooo über ooo zu oo in	nḫn „Stadt Hierakonpolis"

TABELLE 4 Das symbolische Bildzeichen

SYMBOLIK		
Bemaßung	Ein-, Zwei-, Dreizack	
Vertauschung	tierisch statt menschlich	statt
Pars pro toto		statt
Fixieren von Gebärden	Doppelbilder	sich hin- und herwenden
	Punktwiederholung	spucken
	Werkstück	statt
	Abkürzung	statt
	Armstellung	erschrecken umarmen
	Tiergebärde	ruhig angreifend
	Abstrakte Gebärde	hin- und herlaufen
Metapher	Werkzeug statt Tätigkeit	Kommandostab für „leiten"
	Ursache statt Wirkung	Perlengehänge für „gleißen, funkeln"

TABELLE 5 Änderung der Hieroglyphe

ART DER ÄNDERUNG			
Äußerlich	Generalisierung	⎯ Brot für	⊙ ⌒ ⌒
	Verdrehung	⎯ Tür für	▯ ▯▯
	Verkleinerung	𓀄 laufen für	𓀄
	Verstümmelung	𓆊 für	𓆙
	Grafische Vereinfachung	⎯ für	⫽⫽⫽ ▭ ▭
	Schreibschrift	𓏲𓏲 für	𓏲
	Erleichterung	𓏥 für	𓏥
	Sonderform	𓋹 für	𓋹
	Neubildung	∾ für	𓅃
	Verengung	▯ für	▭
	Veraltung	⎯ für	⫼
	Entartung	𓂾 für	𓁹
Innerlich	Erweiterung	𓁹 𓁹 𓁹 𓁹 𓁹 für	𓁹
	Normierung der Doppeldeutigkeit	𓀔	Für k3.t „Bauarbeit" und 𓀔 ßj „tragen"
	Doppeldeutigkeit (Sprachgeschichte)	𓁹	Lies jr.t und ꜥjn

TABELLE 6 Stellungsänderung der Hieroglyphe

	VORLAGE	NEUES ZEICHEN
Stellung		
Schräg		
Teildrehung		
Drehung		
Historisch (Frühzeit)		
1. Zwischenzeit		
Andere Lesung	ḏbꜥ Finger	dḳr zerreiben
Grafische Gründe	ḥp Steuermatte	
Wendung		
Bedeutungswandel	eingießen	ausgießen
Grafische Gründe		
Schriftspielerei		
Siglen		
Paarweise Körperteile		
Stürzung		
Mit Bedeutungswandel	zḫnt	sḏb
Paarweise Körperteile		

TABELLE 7 Erweiterung der Hieroglyphe

ERWEITERUNG	VORLAGE	NEUES SCHREIBUNG
Grafisch		
Lautlich		
Magisch-verändertes Bild		
Magisch-lautliche Umschreibung		
Beifügung		
Staffelung		
Verdoppelung		
Verdreifachung		

TABELLE 8 Kombination mehrerer Hieroglyphen

KOMBINATIONSART	ZEICHEN
Beifügung	
Addition	
Verbund	
Spielerisch	
Mehrere Zeichen	
Lautliche Elemente	
Historisch bedingt (archaisch)	
Umfassen	
Einschluß	
Kreuzung	
Sonderformen	
Addition mit Richtungsänderung	
Addition mit Verbund	
Addition mit Kreuzung	

TABELLE 9 Zeichenstellung mehrerer Hieroglyphen

STELLUNG	SCHREIBWEISE	LESUNG
Umklammerung		jnj-k3
Umstellung		
Grafisch Klein über Groß		k3nw (alt)
Grafisch Klein vor Groß		wt
Grafisch Schmal vor Groß		3ḫ
Quadratnorm		ḫft
Aus Ehrerbietung		zš nj-sw.t
Religiös bedingt		mj rꜥ
Wortverkürzung		ꜥnḫ wḏ3 snb

Literaturliste

Schrift allgemein

Jensen, Hans. Die Schrift in Vergangenheit und Gegenwart. 2. neubearb. u. erw. Aufl. Berlin 1958.

Hieroglyphen

Erman, Adolf. Die Hieroglyphen. Berlin, Leipzig 1912. (Slg. Göschen.)
Sethe, Kurt. Das hieroglyphische Schriftsystem. Glückstadt-Hamburg 1935 (Leipziger ägyptol. Studien. 3.)
Sethe, Kurt. Vom Bilde zum Buchstaben. Leipzig 1939. (Untersuchungen z. Gesch. u. Altertumskde Ägyptens. 12.)
Scharff, Alexander. Archäologische Beiträge zur Frage der Entstehung der Hieroglyphenschrift. München 1942. (SB Bayr. Akad. d. Wiss. 1942, phil-hist. H. 3.)
Schott, Siegfried. Hieroglyphen. Unters. zum Ursprung d. Schrift. Wiesbaden 1951. (Akad. Wiss. Mainz 1950, Abh. d. geistes- u. sozialwiss. Kl. Nr. 24.)
Laucau, Pierre. Sur le système hiéroglyphique. Le Caire 1954. (IFAO Bibl. d'Etude. 25.)
Schott, Siegfried. Ägyptologie. Äg. Schrift u. Sprache. Leiden 1959, S. 18 ff. (Handbuch d. Orientalistik. I,1.)
Avdiev, V. L'origine de l'écriture en ancienne Egypte. Moscou 1960. (25. Congrès international des orientalistes, conférences présentées par la délégation de l'URSS).
Gelb, I. J. A study of writing. 2. Aufl. Chicago, London 1963, S. 72 ff
Kaplony, Peter. Die Inschriften der ägyptischen Frühzeit. Wiesbaden 1963. Suppl. 1964. (Ägyptol. Abh. Bd 8+9.)
Till, Walther. Vom Wesen der altägyptischen Schrift. In: Die Sprache 3 (Heft ¾, 1956), 209 f
Fischer, Henry G. Archaeological aspects of epigraphy and palaeography. New York 1976.

Abbildungsverzeichnis

Abb.1 Assyrische Keilschrift in Stein gemeißelt (Detail)
Abb. 2 Maya-Hieroglyphen mit Kalenderdatum
Abb. 3 Chinesische Schrift
Abb. 4 Aztekisch-mixtekische Hieroglyphen (Detail)
Abb. 5 Indusschrift (Detail von 2 Siegeln)
Abb. 6 Osterinselschrift (jede 2. Zl. auf dem Kopf)
Abb. 7 Hethitische Hieroglyphen (jede 2. Zl. in Gegenrichtung)
Abb. 8 Die vier Schriftrichtungen ägyptischer Hieroglyphen
Abb. 9 Drehung der Bilder bei Überführung der Zeichen in Keilschrift
Abb. 10 Assyrische Komposit-Hieroglyphe
Abb. 11 Chinesische Kompositzeichen
Abb. 12 Nördlicher Pfosten des Esneh-Tempels, Detail oben
Abb. 13 Bildfeld der Tefnacht-Stele in Neapel
Abb. 14 Schlangenfries von Deir el-Bahari (Detail)
Abb. 15 Kompositfigur von Ramses II. aus Tanis

Inhaltsverzeichnis

Vorwort   **3**
1. Die Schriftfunktionen der Bilderschrift   5
1.1 Die Struktur der Bilderschriften allgemeine   5
1.2 Die Abstraktion der Bildzeichen   14
1.3 Vom Bild zum Lautzeichen   16
1.4 Vom Bild zur Silbenschrift   17
1.5 Von der Silbenschrift zur Buchstabenschrift   18
1.6 Die Schriftstufen   19
1.7 Einteilung der Schriften   20
1.8 Allgemeines zu den Hieroglyphen   23
1.9 Die Zeichenfunktionen   24
1.10 Die lautliche Funktion des Einzelzeichens   27
1.11 Lesehilfen und grafische Zeichen   28
1.12 Das Kryptogramm   30

2. Grafische Gestaltung der Hieroglyphen   38
2.1 Die grafische Zeichenfunktionen   38
2.2 Die Seitenansicht   39
2.3 Die Aufsicht   39
2.4 Die Untenansicht   41
2.5 Die Vorderansicht   41
2.6 Die Durchsicht   44
2.7 Die Verbindung zweier Perspektiven   47
2.7.1 Das Klappbild   47
2.7.2 Der Perspektivwechsel vorne / seitlich   47
2.7.3 Die Verbindung von Seitenansicht / Aufsicht   49
2.8 Der Zeichenbau   50
2.8.1 Die Systematisierung   50
2.8.2 Die Geometrisierung   52
2.8.3 Die Abstrahierung   55
2.8.4 Das Zahlenraster   57
2.8.4.1 Das Fünferraster   58
2.8.4.2 Das Viererraster   58
2.8.4.3 Das Dreierraster   59
2.8.4.4 Das Zweierraster   60
2.8.4.5 Die Rasterübergänge   61

3. Die Symbolik der Bildzeichen	62
3.1 Bemaßung	62
3.2 Bevorzugung tierischer statt menschlicher Körperteile	63
3.3 Pars pro toto	64
3.4 Fixierung von Gebärden	66
3.4.1 Das Doppelbild	66
3.4.2 Die Wiederholung	67
3.4.3 Das Werkstück	68
3.4.4 Die abkürzende Grafik	69
3.4.5 Menschliche Gebärden	69
3.4.6 Tierische Gebärden	70
3.4.7 Abstrahierende Gebärden	71
3.5 Die Metapher	71
3.6 Die Metonymie	72
4. Die Zeichenänderung	74
4.1 Äußerliche Veränderung	74
4.1.1 Die Generalisierung	74
4,1.2 Die Verdrehung	76
4.1.3 Die Verkürzung	76
4.1.4 Die Verstümmelung	77
4.1.5 Die grafische Vereinfachung	77
4.1.6 Die Schreibschrift	78
4.1.7 Die Verengung	82
4.1.8 Die Entartung	87
4.2 Innerliche Änderung des Einzelzeichens	87
4.2.1 Ausbau des Zeichens	87
4.2.2 Doppeldeutigkeit durch Normierung	88
4.3 Die Lageänderung	90
4.3.1 Schrägstellung	90
4.3.2 Die Teildrehung	94
4.3.3 Die Drehung	94
4.3.4 Die Wendung	97
4.3.5 Die Stürzung	102

5. Mehrere Zeichen ... 104
5.1 Erweiterung des Einzelzeichens ... 104
5.2 Grafische Erweiterungen ... 104
5.3 Lautliche Erweiterungen ... 105
5.4 Staffelung eines Zeichens ... 108
5.5 Die Verdoppelung ... 109
5.6 Die Verdreifachung ... 110
5.7 Die Addition ... 111
5.8 Der Verbund ... 113
5.9 Das Umfassen ... 118
5.10 Der Einschluß ... 118
5.11 Die Kreuzung ... 119
5.12 Die Sonderformen ... 122

6. Die Zeichenstellung ... 124
6.1 Die Umklammerung ... 124
6.2 Die Umstellung ... 125
6.3 Die Wortverkürzung ... 128

TABELLE 1 Die lautlichen Funktionen der Hieroglyphen ... 130
TABELLE 2 Die Elemente der ägyptischen Schrift ... 131
TABELLE 3 Das unmittelbare Bildzeichen ... 132
TABELLE 4 Das symbolische Bildzeichen ... 133
TABELLE 5 Änderung der Hieroglyphe ... 134
TABELLE 6 Stellungsänderung der Hieroglyphe ... 135
TABELLE 7 Erweiterung der Hieroglyphe ... 135
TABELLE 8 Kombination mehrerer Hieroglyphen ... 136
TABELLE 9 Zeichenstellung mehrere Zeichen ... 136
Literaturliste ... 137
Abbildungsverzeichnis ... 137

Nachdruck 2021
Dieses Buch wurde gedruckt bei:
CCS VON DER OSTEN GmbH, Lörrach
www.ccs-vonderosten.de

VERLAGSANZEIGE

Aegyptologie:

1. **Wolfgang Kosack: Der medizinische Papyrus Edwin Smith.** The New York Academy of Medicine, Inv. 217. Neu in Hieroglyphen übertragen, übersetzt und bearbeitet. Basel 2011. 102 Seiten. ISBN: 978-3-033-03331-3

2. **Wolfgang Kosack: Die altägyptischen Pyramidentexte.** In neuer deutscher Uebersetzung; vollständig bearbeitet und herausgegeben von Wolfgang Kosack. Berlin 2012. 330 Seiten. ISBN: 978–3–9524018–1-1

3. **Wolfgang Kosack: Ägyptische Zeichenliste I.** Grundlagen der Hieroglyphenschrift, Definition, Gestaltung und Gebrauch ägyptischer Schriftzeichen. Vorarbeiten zu einer Schriftliste. Berlin 2013. 144 Seiten. ISBN: 978-3-9524018-0-4

4. **Wolfgang Kosack: Ägyptische Zeichenliste II.** 8500 Hieroglyphen aller Epochen. Lesungen, Deutungen, Verwendungen, gesammelt u. bearb. 491 Seiten. Berlin 2013. ISBN: 978-3-9524018-2-8

5. **Wolfgang Kosack: Kurze Sprachlehre des Mittelägyptischen.** Berlin 2013. 195 Seiten. ISBN: 978-3-9524018-8-0

6. **Wolfgang Kosack: Die altägyptischen Personennamen.** Ein Beitrag zur Kulturgeschichte Aegyptens. 120 Seiten. ISBN: 978-3-9524018-7-3

7. **Wolfgang Kosack: Essen und Trinken im alten Aegypten.** Bildliche Darstellungen, hiero-glyphische Texte und die Bearbeitung der Quellen. Berlin 2014. 177 Seiten. ISBN: 978-3-906206-03-5

8. **Wolfgang Kosack: Hallo, Ihr Lebenden auf der Erde! Teil I. + II.** Lebensberichte aus der Pharaonenzeit auf Gräbern und Denksteinen. Gesammelt, übersetzt und kommentiert. 800 Seiten. ISBN: 978-3-906206-08-0

9. **Wolfgang Kosack: Berliner Hefte zur ägyptischen Literatur 1 – 12.** (2 Bände). Teil I. 1 – 6 / Teil II. 7 – 12 Paralleltexte in Hieroglyphen mit Einführungen und Uebersetzung. Deutsch – Hieroglyphen. 810 Seiten. ISBN: 978-3-906206-11-0

10. **Wolfgang Kosack: Collectanea Aegyptiaca.** Aufsätze und Studien zur Kulturgeschichte des Alten Ägyptens. 226 Seiten. ISBN: 978-3-906206-08-0

11. **Wolfgang Kosack: Hiera Grammata.** Beiträge zur Entstehung ägyptischer Hieroglyphen. 215 Seiten. ISBN: 978-3-906206-15-8

12. **Wolfgang Kosack: Aegyptologie im Umbruch.** – Eine Streitschrift – 86 Seiten. ISBN: 978-3-906206-16-5

13. Wolfgang Kosack: Hier gleich links steht die Sphinx. Das alte Aegypten im Spiegel der Karikaturen. Ausgewählt und zusammengestellt von Wolfgang Kosack. 133 Seiten. Verlag Christoph Brunner, Basel 2016. ISBN: 978-3-906206-30-1.

14. Wolfgang Kosack: Die Geschichte von der Sonnenkatze und dem kleinen Affen. Ein altägyptisches Märchen für Kinder. 100 Seiten. Verlag Christoph Brunner, Basel 2016. ISBN: 978-3-906206-31-8.

15. Wolfgang Kosack: Lexikon des Gräcoägyptischen. Transkriptionen, Hieroglyphen und koptische Belege mit einer Einführung in die Aussprache des Altägyptischen. Verlag Christoph Brunner, Basel 2016. ISBN: 978-3-906206-24-0.

16. Wolfgang Kosack: Zeremonialtexte der Dritten Dynastie. Transkriptionen, Hieroglyphen und koptische Belege mit einer Einführung in die Aussprache des Altägyptischen. Verlag Christoph Brunner, Basel 2016. ISBN: 978-3-906206-34-9.

17. Wolfgang Kosack: Schrift der Pharaonen. Hieroglyphen für Anfänger. Mit zahlreichen Schriftproben, 140 Abbildungen und 500 Hieroglyphen. Verlag Christoph Brunner, Basel 2017. ISBN: 978-3-906206-38-7.

18. Wolfgang Kosack: Wozu sind die Aegyptologen gut? Aegyptologie im Abend- und im Morgenland. Verlag Christoph Brunner, Nunningen Berlin 2017. ISBN: 978-3-906206-44-8.

19. Wolfgang Kosack: Wörterbuch der ägyptischen Sprache. Herausgegeben von Adolf Erman und Hermann Grapow. Erweitert, korrigiert und ergänzt von Wolfgang Kosack. 5 Bände. 5446 Seiten. Verlag Christoph Brunner, Nunningen Berlin 2018. ISBN: 978-3-906206-40-0.

20. Wolfgang Kosack: Kurze Sprachlehre des Altägyptischen. Basisgrammatik für Fortgeschrittene. Verlag Christoph Brunner, Nunningen, Berlin 2018. 87 Seiten. ISBN: 978-3-906206-50-9.

21. Wolfgang Kosack: Liebe im alten Aegypten. Verlag Christoph Brunner, Nunningen Berlin 2019. 80 Seiten. ISBN: 978-3-906206-52-3.

22. Wolfgang Kosack: Der Stein von Rosette. Text, Einleitung und Uebersetzung. 85 Seiten. Verlag Christoph Brunner, Nunningen Berlin 2019. ISBN: 978-3-906206-53-0.

23. Wolfgang Kosack: Der medizinische Papyrus London. (Pay. Med. London Brit. Museum EA Pap 10 059). Ein frühes Dokument Ganzheitlicher Medizin. Transskribiert und bearbeitet. 80 Seiten. Verlag Christoph Brunner, Nunningen Berlin 2019. ISBN: 978-3-906206-52-3.

24. Wolfgang Kosack: Phonetik der ägyptischen Sprache. 106 Seiten. Verlag ChristophBrunner, Nunningen Berlin 2019. ISBN: 978-3-90620659-2.

25. Wolfgang Kosack: Aegyptologische Reise durch die Schweiz. 94 Seiten. Verlag Christoph Brunner, Nunningen Berlin 2020. ISBN: 978-3-906206-60-8.

26. Wolfgang Kosack: Der Sonnenkult in der Vierten Dynastie. Bezeichnungen und Namen von Göttern, Pharaonen, Personen und ihren Bauten. 66 Seiten. Verlag Christoph Brunner, Nunningen, Berlin 2020. ISBN: 978-3-906206-64-6.

27. **Wolfgang Kosack: «Echt Aegyptisch».** Fälschungen aus Aegypten und dem Vorderen Orient. 92 Seiten. Verlag Christoph Brunner, Nunningen, Berlin 2020. ISBN: 978-3-906206-66-0.

Koptologie:

1. **Wolfgang Kosack: Der koptische Heiligenkalender.** Deutsch, Koptisch, Arabisch nach besten Quellen neu bearbeitet und vollständig herausgegeben. Mit Index sanctorum koptischer Heiliger, Index der Namen auf Koptisch, koptische Patriarchenliste, geografische Liste. Basel 2012. 226 Seiten. ISBN: 978-3-9524018-4-2.

2. **Wolfgang Kosack: Schenute von Atripe „De judicio finale".** Papyruskodex 63000.IV im Museo Egizio di Torino. Einleitung, Textbearbeitung und Übersetzung herausgegeben von Wolfgang Kosack. Basel 2013. 299 Seiten. ISBN: 978-3-9524018-5-9.

3. **Wolfgang Kosack: Shenoute of Atripe "De vita christiana".** M 604 PierpontMorgan-Library New York / Ms. OR 12689 British-Library / London and Ms.Clarendon Press b. 4, Frg. Bodleian-Library / Oxford. Introduction, edition of the text and translation into German by Wolfgang Kosack. Basel 2013. 267 Seiten. ISBN: 978-3-906206-00-4.

4. **Wolfgang Kosack: Koptisches Handlexikon des Bohairischen.** Koptisch – Deutsch – Arabisch. 448 Seiten. Basel 2013. ISBN: 978-3-9524018-9-7.

5. **Wolfgang Kosack: Basilios "De archangelo Michael": sahidice Pseudo – Euhodios "De resurrectione": sahidice Pseudo - Euhodios "De dormitione Mariae virginis": sahidice & bohairice :** < Papyrus-kodex Turin, Mus. Egizio Cat. 63000 XI. > nebst Varianten und Fragmente. In Parallelzeilen ediert, kommentiert und übersetzt von Wolfgang Kosack. Verlag Christoph Brunner, Basel 2014. 280 Seiten. ISBN: 978-3-906206-02-8.

6. **Wolfgang Kosack: Novum Testamentum Coptice.** Neues Testament, Bohairisch, ediert von Wolfgang Kosack. Novum Testamentum, Bohairice, curavit Wolfgang Kosack. Verlag Christoph Brunner, Basel 2014. 449 Seiten. ISBN: 978-3-906206-04-2.

7. **Wolfgang Kosack: Die koptischen Akten der Konzile von Nikaia und Ephesos.** Textfragmente und Handschriften in Paris, Turin, Neapel, Wien und Kairo.Verlag Christoph Brunner, Basel 2015. 285 Seiten. ISBN: 978-3-906206-07-3.

8. **Wolfgang Kosack: Collectanea Coptica.**
Die titellose gnostische Schrift „Traktat vom Urvater Sêtheus" aus dem Codex Brucianus. Nag Hamadi Codex VI, 48-51, 23 Platons Politeia in einer koptischen Uebersetzung Schenute oder nicht? (Pierpont-Morgan-Library/New York + Univ. Michigan). Die koptischen Psalmenkordanzen. Lesen und Schreiben im Aegypten der Spätantike.
Verlag Christoph Brunner, Basel 2015. 180 Seiten. ISBN: 978-3-906206-13-4.

9. **Wolfgang Kosack: Kurze Geschichte der Kopten.** Verlag Christoph Brunner, Basel Berlin 2015. ISBN: 978-3-906206-17-2.

10. **Wolfgang Kosack:** Koptische Lehrbriefe Bohairisch. 205 Seiten. Verlag Christoph Brunner, Basel Berlin 2015. ISBN: 978-3-906206-20-2.

11. مختصر تاريخ الأقباط: فولفلجانج كوزاك Arabisch – Koptisch. 66 Seiten. Verlag Christoph Brunner, Nunningen Berlin 2018. ISBN: 978-3-906206-46-2

12. Wolfgang Kosack: Koptische Lehrbriefe (Arabischer Text!) 270 Seiten. Verlag Christoph Brunner, Nunningen Berlin 2018. ISBN: 978-3-906206-48-6.

13. Wolfgang Kosack: Der Niedergang der koptischen Kirche. 90 Seiten. Verlag Christoph Brunner, Nunningen Berlin 2019. ISBN: 978-3-906206-55-4.

14. فولفجانج كوزاك إنحدار الكنيسة القبطية Arabischer Text. 90 Seiten. Verlag Christoph Brunner, Nunningen Berlin 2020 ISBN: 978-3-906206-65-3

Diverse:

1. Gernot Sommerlatte: „Sauber hingeferkelt." Sexpertisen zum Thema Aufklärung. Herrlich, dämlich, kindlich, trivial. Taschenbuch. 449 Seiten. ISBN: 978-3-9524018-3-5

2. Esmeraldo Tuntenfisch: „Die meisten Männer sind lesbisch..." Sexpertisen zum Thema Lesben- und Schwulen–Forschung. Taschenbuch. 256 Seiten. ISBN: 978-3-906206-01-1.

3. Wolfgang Kosack: Ost – Märchen. Gedanken und Erinnerungen an eine längst vergangene Zeit. Taschenbuch – Sofcover. 91 Seiten. ISBN: 978-3-906206-05-9.

4. Wolfgang Kosack: Islamische Schriftkunst des Kufischen. Geometrisches Kufi in 593 Schriftbeispielen. Verlag Christoph Brunner, Basel 2014. 380 Seiten. ISBN: 978-3-906206-10-3.

5. Wolfgang Kosack: Ein zweiter Rembrandt „Die Staalmesters". Kunsthistorische Studie. Deutsch – Englisch. ISBN: 978-3-906206-14-1.

6. Wolfgang Kosack: Ernst Koerner „Ein Berliner Orientmaler des 19. Jahrhunderts" Mit Werksverzeichnis und Themenliste seiner Gemälde. 219 Seiten. Verlag Christoph Brunner, Basel. ISBN: 978-3-906206-19-6.

7. Wolfgang Kosack: Von der Kraft und vom Sinn. Buch der Sinnsprüche in 81 Abschnitten und 2 Teilen. Uebertragen aus den Seidentexten zu Ma Wang Dui <Provinz Honan> durch Wolfgang Kosack. 211 Seiten. ISBN: 978-3-906206-18-9.

8. Wolfgang Kosack: Fellachenmärchen. Märchen im ägyptisch-arabischen Volksdialekt. Gesammelt und übersetzt von Wolfgang Kosack. 340 Seiten. ISBN: 978-3-906206-25-7.

9. Wolfgang Kosack: Nu muten gi liden den bitteren doet... Der Berliner Totentanz. Kritischer Text, Übersetzung und Kommentar des niederdeutschen Gedichtes. ISBN: 978-3-906206-22-6.

10. Wolfgang Kosack: Japanische Manga – Love Story. „Yura, Makoto und die Liebe". von Katsu Aki. Eine kritische Würdigung. Taschenbücher Bd 1-54. Hamburg: Carlsenmanga 2004 - 2013. 138 Seiten. Verlag Christoph Bruner, Basel 2016. ISBN: 978-3-906206-27-1.

11. Wolfgang Kosack: Die Mänlichen Krefte der Liebe. Zur Frage der Sexualität Friedrichs des Grossen. Studien und Quellen. 115 Seiten. Verlag Christoph Brunner, Basel 2016. ISBN: 978–3-906206–23–3.

12. Wolfgang Kosack: Granada und die Alhambra. Mit Uebersetzung aller arabischen Inschriften, zahlreicher Quellen und Urkunden. 202 Seiten. Verlag Christoph Brunner, Basel 2016. ISBN: 978-3-906206-28-8.

13. Wolfgang Kosack: Die Wurzel Jesse zu Xanten. Die Predella des Marienaltars, ein spätes Meisterwerk Heinrich Douvermanns. Beschrieben, erklärt und gedeutet. 99 Seiten. Verlag Christoph Brunner, Basel 2016. ISBN: 978-3-906206-29-5.

14. Wolfgang Kosack: Frühe Kunst im Orient. Ein Ausweg aus der Misere des Islam – IS und Euro Islam in der Krise. Verlag Christoph Brunner, Basel 2016. ISBN: 978-3-906206-36-3.

15. Wolfgang Kosack: Sadi. Buch der Weisheit (Pand Nameh) Mit einem Nachwort aus dem Persischen übersetzt und nachgedichtet von Wolfgang Kosack. Verlag Christoph Brunner, Basel 2017. ISBN: 978-3-906206-39-4.

16. Wolfgang Kosack: Wo die Wüste sich dehnt und die Nilflut rollt. Biblisches und muslimische Aegypten im Spiegel deutscher Dichtung. Ausgewählt und zusammengestellt von Wolfgang Kosack. Verlag Christoph Brunner, Basel 2017. ISBN: 978-3-906206-41-7.

17. Wolfgang Kosack: Geschichten aus dem Irgendwo. Erfahrenes und Erlebtes. Verlag Christoph Brunner, Basel 2017. ISBN: 978-3-906206-42-4.

18. Wolfgang Kosack: Pheidias? Die Archäologie des klassischen Griechenlands auf dem Prüfstand. Verlag Christoph Brunner, Nunningen 2107. ISBN: 978-3-906206-43-1.

19. Wolfgang Kosack: Unter Palmen und Tempelruinen. Das alte Aegypten im Spiegel deutscher Dichtung. Verlag Christoph Brunner, Nunningen 2017. ISBN: 978-9-906206-45-5.

20. Rideamus (Fritz Oliven): Hugdietrich's Brautfahrt. Eine romantische Liebesgeschichte in sieben Gesängen. Illustriert von Hermann Abeking. Verlag Christoph Brunner, Nunningen 2018. ISBN: 978-3-906206-47-9.

21. Wolfgang Kosack: Geschichten aus einem Verlag. Beiläufige Chronik des «Verlags Christoph Brunner». Nunningen, Berlin 2018. 93 Seiten. ISBN: 978-3-906206-49-3.

22. Wolfgang Kosack: Der versteinerte Islam. – IS, Islamisten und wir. – Taschenbuch, 100 Seiten. Verlag Christoph Brunner, Nunningen Berlin 2019. ISBN: 978-3-906206-51-6.

23. Wolfgang Kosack: Edle Einfalt und stille Grösse. Liebe auf griechischen Vasenbildern. 129 Seiten. Verlag Christoph Brunner, Nunningen Berlin 2019. ISBN: 978-3-906206-56-1.

24. Wolfgang Kosack: Edvard Grieg und das Klavierspielen. 114 Seiten. Verlag Christoph Brunner, Nunningen Berlin 2019. Band I. ISBN: 978-3-906206-57-8.

25. Wolfgang Kosack: Fisch mit Fahrrad. - Genderstudies für Ihn und Sie – 58 Seiten. Verlag Christoph Brunner, Nunningen Berlin 2019. ISBN: 978-3-906206-58-5.

26. Wolfgang Kosack: Semitische und europäische Sprachen. Unterschiedliches Denken und Gemeinsamkeiten. 99 Seiten. Verlag Christoph Brunner, Nunningen, Berlin 2020. ISBN: 978-3-906206-63-9.

27. Wolfgang Kosack: Edvard Grieg und das Klavierspielen. Bergliot op. 42 – Melodram - Klavierauszug - Handreichung für Klavier & Sprechstimme - Partitur – Anweisung für Dirigent & Orchester & Sprechstimme. Bearbeitet und aus dem Norwegischen übersetzt von Wolfgang Kosack. **Band II.** 107 Seiten. Verlag Christoph Brunner, Nunningen, Berlin 2020. ISBN: 978-3-906206-67-7.

28. Wolfgang Kosack: Edvard Grieg und das Klavierspielen. Griegs Handschrift. Klavier-Konzert a-moll, op. 16. Solokadenz. Edvard Grieg Lyriske stykker Heft 1 – 6 Norske Folkeviser op. 66. Bearbeitet von Wolfgang Kosack. **Band III.** 86 Seiten. Verlag Christoph Brunner, Nunningen, Berlin 2020. ISBN: 978-3-906206-68-4.

29. Wolfgang Kosack: Edvard Grieg und das Klavierspielen. Edvard Grieg und das Singen. Chorgesänge. Lieder. * Romantische Reise auf den Flügeln der Musik. - Rezitation für Klavier und 1 Singstimme - * Bearbeitet von Wolfgang Kosack. Band IV. 176 Seiten. Verlag Christoph Brunner, Nunningen, Berlin 2020. ISBN: 978-3-906206-51-6.

Theaterstücke

1. Wolfgang Kosack: Schachmatt. Kaskade der Seltsamkeiten. Historische Groteske in 11 Bildern. 59 Seiten. ISBN: 978–3-906206-26-4.

2. Wolfgang Kosack: Ein deutsches Sommertheater. Politischer Schwank in 4 Akten. ISBN: 978-3-906206-33-2.

3. Wolfgang Kosack: Satanische Zeiten. Ein Mysterienspiel um Augustinus in 5 Akten. ISBN: 978-3-906206-32-5.

4. Wolfgang Kosack: Lysistrata. Wär lieber frei vom Militär denn Frauenpower schwächt das Heer. Aristophanes. (Befreierin vom Militär). Musical. Uebersetzt und eingerichtet von Wolfgang Kosack. 94 Seiten. Verlag Christoph Brunner, Nunningen Berlin 2020. ISBN: 978-3-906206-64-6.

Religion, Geschichte, Philosophie:

1. Wolfgang Kosack: Geschichte der Gnosis in Antike, Urchristentum und Islam. Texte - Bilder – Dokumente. 525 Seiten. Basel - Basel 2014. Verlag Christoph Brunner Basel, 2014. ISBN: 978-3-906206-06-6.

2. Wolfgang Kosack: Geschichte der Gnosis II. Jesus und das Neue Testament. Eine Botschaft Christi. Für Juden, Christen, Moslems. 327 Seiten. Verlag Christoph Brunner, 2015. ISBN: 978-3-906206-13-4.

3. Wolfgang Kosack: Persische Sinnsprüche. Vierzeiler von Omar Châjjam. Verlag Christoph Brunner, Basel 2016. ISBN: 978-3-906206-37-0.

VERLAG
Christoph Brunner

© Dr. Wolfgang Kosack, Berlin.
ISBN: 978-3-9524018-0-4

Bestellbar bei / Book orders to:
ChristophBrunner@hotmail.com
www.verlag-christophbrunner.com
Dieses Buch wurde gedruckt / Printed by:
CCS von der Osten GmbH, Lörrach
www.ccs-vonderosten.de